이보다
좋은 복이 없다

국제제자훈련원은 건강한 교회를 꿈꾸는 목회의 동반자로서 제자 삼는 사역을 중심으로
성경적 목회 모델을 제시함으로 세계 교회를 섬기는 전문 사역 기관입니다.

이보다 좋은 복이 없다

초판 1쇄 발행 2009년 2월 10일
초판 38쇄 발행 2024년 5월 20일

지은이 옥한흠

펴낸이 오정현
펴낸곳 국제제자훈련원
등록번호 제2013-000170호(2013년 9월 25일)
주소 서울시 서초구 효령로68길 98(서초동)
전화 02)3489-4300 **팩스** 02)3489-4329
이메일 dmipress@sarang.org

ISBN 978-89-5731-349-7 03230

이보다 좋은 복이 없다

행복한 사람 바울이 에베소에 보낸 '복'福 이야기

옥 한 흠

국제제자훈련원

c o n t e n t s

프롤로그 행복한 사람 ··· 6

제1부 하늘의 복

1장 하나님의 선택을 받다 ··· 19

2장 거룩한 자녀가 되다 ··· 39

3장 죄를 벗고 의의 옷을 입다 ··· 57

4장 영광의 기업을 상속받다 ··· 75

제2부 누리는 삶

1장 하나님의 사랑을 알다 ··· 99

2장 그리스도인의 자의식을 갖다 ··· 119

3장 은혜와 평강 안에 거하다 ··· 143

4장 작은 예수로 살다 ··· 163

에필로그 십자가가 비결이다 ··· 182

행복한 사람

"하나님 믿는 사람은 행복해야 합니다. 교회 다니는 사람은 표정이 밝아야 합니다." 제가 이런 말을 하면 고개를 갸웃거리는 분들이 있습니다.

'행복? 그래, 좋다. 그런데 현실과는 왜 이렇게 동떨어진 말처럼 들리지?'

'결국 기독교도 행복을 찾는 종교인가?'

'하나님을 오랫동안 믿어왔지만 난 하나도 행복하지 않은데, 거짓 웃음이라도 지으라는 건가?'

'그리스도인이라서 행복하다, 행복하다, 이렇게 최면을 걸다 보면 진짜 행복해질까?'

'아무리 기도하고 하나님을 외쳐 불러도 고생 끝, 행복 시작

은 아니던데?’

이 모든 의문에 저 역시 한 인간으로서 고개를 끄덕이지 않을 수 없습니다. 믿는 우리에게도 이해할 수 없는 일이 닥쳐와 고통을 겪기도 하고, 좌절과 무력감을 느끼며 인생의 쓴맛을 보기도 하지요. 사실 하나님을 따르려는 사람일수록 행복하지도, 밝게 웃고 싶지도 않을 때가 더 많은 것이 현실입니다. 그런데도 믿는 사람은 행복하고 밝아야 한다니 난감하게 들릴 수밖에요.

*　　*　　*

저는 예수님을 만나 행복해진 한 사람을 알고 있습니다. 그는 볼품없는 외모와 강한 성격의 소유자로, 한때는 꽤 잘나가기도 했지만 언제부터인가 세상은 그를 향해 등을 돌렸습니다. 열심히 일했지만 늘 가난했고, 이상하게 사람들의 미움을 받는 데다 삶의 질곡이 많은 사람이었습니다. 제가 그를 알게 된 것은 억울하게 갇히게 된 감옥에서 그가 쓴 편지들 때문입니다.

글쎄요, 정신이 온전한 사람이라면 이런 상황에서 하나님께 이렇게 기도했을 것입니다. “하나님, 도와주세요! 제가 얼마나 억울한지 아시지 않습니까? 저를 속히 석방시켜 주시고, 이 일을 통해 하나님이 영광 받으옵소서.”

사람들은 하나님의 도우심으로 닥쳐올 재난을 피했다든지, 시험에 합격했다든지, 사업에서 엄청난 성공을 거뒀다든지 할 때는 '믿음의 승리'라고 생각합니다만, 세상이 볼 때 실패라고 여겨지는 일에 대해서는 단박에 하나님의 존재를 의심하며 어떻게 이러실 수 있느냐고 대드는 것이 보통이지요. 그런데 그는 감옥에 갇혀 이런 편지를 썼습니다.

"우리 주 하나님을 찬송합니다. 하나님께서는 하늘에 속한 온갖 신령한 복을 우리에게 주셨습니다!" 이 남자를 이토록 행복하게 만든 그 복이라는 게 도대체 무엇일까요?

*　　*　　*

여기서 우리가 짚고 넘어가야 할 것이 있습니다. 우리 머릿속에는 은연중에 '신앙생활＝무사복락'이라는 공식이 깊이 뿌리박혀 있다는 것이지요. '내가 하나님을 믿었으니, 하나님이 적어도 이 정도는 해주셔야 하지 않을까?' 하는 생각 말입니다.

물론 신앙생활을 잘하면 세상에서도 복을 받습니다. 미국의 한 의학연구에 따르면, 교회에 정기적으로 출석하고 경건한 신앙생활을 하는 사람들이 정신적으로나 육체적으로 훨씬 잘 산다고 합니다. 또 그 자손들도 잘되는 경우가 많습니다.

한 예로 18세기 미국의 위대한 철학자이자 신학자요, 목사인 조나단 에드워즈는 자녀를 11명 두었는데, 그 자손들이 번창을 해서 약 100년이 지난 시점에 학자들이 분석을 해보니 대학총장이 13명, 교수가 65명, 변호사가 100명, 판사가 30명, 의사가 66명, 부통령, 주지사 등의 고급 공무원이 80명, 그렇게 해서 1,400명 중 30% 이상이 사회와 국가의 지도자적 역할을 하고 있었다는 것입니다. 예수 잘 믿는 경건한 가정의 자손들은 잘됩니다. 당장은 좀 안 되는 것 같아도 반드시 하나님이 은혜를 주십니다.

그리고 예수 잘 믿으면 건강의 축복도 받습니다. 믿음 좋은 사람치고 알코올 중독인 사람 봤습니까? 믿음생활 잘하는 사람치고 날마다 담배를 입에 물고 사는 골초나 마약에 손대는 사람 봤습니까? 믿음 좋은 사람치고 여자들 꽁무니나 따라다니면서 인생을 허비하는 사람을 봤어요? 없어요. 그러니까 건강이 좋은 거예요.

또, 예수 잘 믿으면 결혼생활도 훨씬 더 행복합니다. 어떤 여론조사에 보니까 "당신이 만약 이 세상에 다시 태어난다면 지금 살고 있는 남편 또는 아내와 다시 결혼하겠습니까?" 하고 물었어요. 지겹죠. 지겹지요. 그런데 다시 태어나도 내 남편, 내 아내와 결혼하겠다고 대답한 사람들 중에서 믿는 사람이 안 믿는 사람보다 두 배 더 많았다고 합니다. 그만큼 가정이 행복하다는 거예요. 예수 믿으면 복 받습니다. 육적인 것, 세상적인 것도 하나님이 다 때를 따라 주십니다.

그러나 하나님이 주시는 진짜 복은 이런 것들이 아닙니다. 세상에 있는 육적인 복들은 하나님 말씀에 순종하며 살 때 결과적으로 따라오는 복이요, 결과적으로 나타나는 열매예요. 하나님이 믿는 자에게 그런 복을 '꼭 주겠다'고 약속하시지는 않았습니다. 왜 그러셨을까요? 왜 하나님이 세상에 속한 복을 우리에게 약속하시지 않았을까요? 한마디로 허무한 것이기 때문입니다.

＊　　＊　　＊

하나님은 솔로몬이라는 위대한 왕을 사용해 세상적이고 육적인 복이 얼마나 허무하고 마음 쏟을 만한 것이 못 되는지 전부 다 폭로하셨습니다. 우리가 잘 아는 바와 같이 솔로몬은 지구상에 태어난 사람 중에 가장 부귀영화를 많이 누린 자입니다. 일국의 황제니 무엇이든 하고 싶은 것은 다 할 수 있었겠지요. 그래서 스스로 한번 시험을 해보기로 했답니다.

"내 눈으로 보아 좋은 것은 다 내가 소유하리라. 내 마음에 무언가 하고 싶은 것이 있으면 다 해보리라. 그래서 무엇이 인생의 즐거움인지, 무엇이 인생의 쾌락인지 내가 알아봐야겠다."^{전 2:1 참조} 그래서 자기가 마음에 원하는 것은 다 했습니다. 심지어 아내도 300명, 후궁까지 합하면 1,000명의 미녀들을 거느렸지요. 그러나 결국 그가 내린 결론은 이것입니다.

"그 후에 내가 생각해 본즉, 내 손으로 한 모든 일과 내가 수고한 모든 것이 다 헛되어 바람을 잡는 것이며 해 아래에서 무익한 것이로다"^{전 2:11}.

다 맛을 보고, 원 없이 해보고, 다 손에 쥔 다음에 보니 그 모든 것이 바람을 잡는 것과 같았다고 합니다. 여러분, 바람 한번 잡아 보셨어요? 잡는 순간 다 빠져나갑니다. 태풍이 불어올 때 나가서 두 팔을 들고 한번 잡아 보세요, 손에 뭐가 잡히는지. 인생의 쾌락, 명성, 부요, 눈에 보이는 모든 아름다운 것들을 좇아 사는 것이 다 바람을 잡으려고 애쓰는 것과 같다는 거예요. 솔로몬 왕이 상당히 지혜로운 사람 같은데 사실은 어리석은 사람이에요. 경험해 보기 전에 이런 것쯤은 알아야 하는데, 다 해보고 나서 알았다고 하니까요. 그런데 사실 이런 게 인간이지요. 다 해보고 나서야 헛된 것을 깨닫습니다.

우리 역시 인생이, 세상의 복락이 얼마나 허무하고 무가치한지 깨닫기가 너무너무 어렵습니다. 10대, 20대 때는 마치 영원히 살 것처럼 행동하며 인생을 살지 않아요? 그리고 30대, 40대가 되면 경력을 쌓고 성공이라는 목표를 향해 달리기 급급해서 인생의 참된 의미조차 생각해 볼 틈도 없이, 한마디로 정신없이 살아갑니다. 50대가 되면 좀 인생을 돌아볼 만도 한데, 굽이쳐 흘러가는 세월의 급류소리를 듣지 못하고 어느덧 60대가 됩니다. 머리에 흰 서리가 내리고 얼굴에 주름이 패고 뱃살이 두터워지고 숨이 가빠지고, 자기도 모르게 '내가 젊었을 때는 말이야' 하는 말이 자꾸 튀어 나오는 그런 때가 되면 비로소 '아, 인생이라는 게 별거 아니구나' 하고 좀 깨닫는단 말이에요. 솔로몬처럼 '그 후에야' 깨달아요. 이게 인간이에요.

늦게 깨닫든, 빨리 깨닫든, 인생의 진면목, 세상에 있는 육적인 것의 실체를 깨닫기 시작하면 그 허무함이 우리의 가슴을 그냥 쓸어갑니다. 허망하기 그지없지요. 이런 것을 하나님이 왜 우리에게 주시겠습니까? 왜 하나님이 이런 복을 우리에게 약속하시겠어요? 우리가 이런 복 때문에 예수를 믿는다면 얼마나 멍청한 사람이에요?

＊　＊　＊

아까 그 남자의 이야기로 돌아가 봅시다. 감옥에 갇힌 그를 지키는 간수가 있었습니다. 간수가 볼 때 그 남자의 미래는 불투명합니다. 목숨이 간당간당한 상황에서 불안하고 초조해 보여야 마땅한데 그에게는 뭔가 좀 남다른 구석이 있습니다. 일단 얼굴이 편안해 보입니다. 곧잘 노래도 흥얼거립니다. 지인들에게 보내는 글을 쓰면서 무언가 감격에 겨워 눈물을 흘리는 모습도 보입니다. 보통 이상한 사람이 아니에요. 처음에는 바보가 아니면 현실과 동떨어져 딴 세상을 사는 사람일 거라 치부했지만, 날이 갈수록 자꾸만 궁금해집니다. '무엇이 저 사람을 저토록 평안하고 행복하게 만들까? 내게 없는 무언가가 저 사람에게 있는 것 같은데…'

그 비밀은 그가 쓴 편지에 고스란히 담겨 있습니다.

우리 주 예수 그리스도의 하나님 아버지께 찬양을 드립니다. 하나님께서는 그리스도 안에서, 하늘에 속한 온갖 신령한 복을 우리에게 주셨습니다. 하나님께서는 우리를 사랑하셔서 하나님 앞에서 거룩하고 흠이 없게 하시려고, 창세전에 우리를 그리스도 안에서 택하여 주셨습니다. 그리고 하나님의 기뻐하시는 뜻대로, 예수 그리스도로 말미암아 우리를 하나님의 자녀로 예정하셔서, 하나님의 사랑하시는 아들 안에서 우리에게 거저 주신 하나님의 영광스러운 은혜를 찬미하게 하셨습니다. 우리는 하나님이 사랑하

시는 아들 안에서, 하나님의 풍성한 은혜를 따라서, 그분의 피로

구속 곧 죄의 용서를 받게 되었습니다.

… 모든 것을 자기가 뜻하시는 대로 행하시는 하나님께서 자기의

계획을 따라 예정하셔서, 그리스도 안에서 우리를 상속자로 삼으

셨습니다.

_ 에베소서 1장 3-7, 11절(표준새번역)

'하늘에 속한 온갖 신령한 복', 이 복이 얼마나 좋은지, 바울

은 차가운 감옥 안에서도 행복하다고, 감사하다고 고백합니다.

아니, 감격에 겨워 하나님을 소리 높여 찬양합니다.

하늘에 속한 신령한 복이 무엇입니까? 바로 예수 믿고 우리

가 얻은 구원입니다. 이것이 하나님이 자기 이름을 걸고 약속

하신 복이요, 우리 인간이 누릴 수 있는 영원한 복, 최고의 복

입니다. 그래서 바울은 이렇게 기도합니다.

"하나님이여, 우리 마음의 눈을 열어 하나님이 누구신지 좀

더 알게 해주소서. 하나님이여, 우리에게 지혜와 계시의 영을

주셔서 하나님이 주신 그 부르심의 소망이 무엇인지 좀 알게

해주소서. 하나님 나라에서 우리가 누릴 그 기업의 영광이 얼

마나 풍성한지 좀 더 느낄 수 있게 해주소서. 하나님이여, 하나

님이여, 성령을 통해 우리에게 주신 지극히 크신 능력을 좀 더

가까이서 볼 수 있게 해주소서."_{엡 1:17 참조}

저도 자주자주 이런 기도를 합니다. 이 좋은 복을 주신 하나님을 더 알고 싶고 더 가까이 가서 그 복을 들여다보고 싶은 것입니다. 내가 받은 복을 아는 만큼 나는 더 행복한 사람이 될 것 아닙니까? 허무한 세상 것에 눈 돌리지 아니하고, 영원한 것을 향해서 남은 생을 투자할 것 아니에요? 그리고 인생의 허무한 것에 매달려 사는 불쌍한 사람들을 주님 앞으로 인도하고 싶은 자비로운 마음을 내가 가질 수 있지 않겠어요?

오늘 우리는 다시 행복해질 수 있습니다. 이 세상 그 누구보다 행복해질 수 있어요. 이미 우리는 하늘에 속한 신령한 복을 다 갖고 있습니다. 예수 믿기 때문에 그 복이 이미 우리 것이 되었잖아요. 그럼에도 불구하고 아직 그것이 얼마나 좋은 것인지 알지 못하고 세상을 허덕이며 살고 있다면 이 책을 꼭 읽으시기 바랍니다.

자신이 세상에서 가장 좋은 복을 받은 사람이요, 가장 행복한 사람이라고 느낄 수 있을 만큼 예수 그리스도가 주신 은혜를 내 마음에 가득 채워야 합니다. 하나님이 이런 복을 우리 모두에게 주시기를 간절히 바랍니다.

2009년 1월에

옥한흠 목사

제1부
하늘의 복

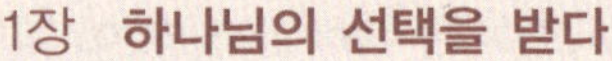

1장 하나님의 선택을 받다

예수님이 하나님 곁에서 이렇게 말씀하셨습니다.
"아버지, 제가 책임지고 대가를 치를게요. 그러니 선택하세요!"

2장 거룩한 자녀가 되다

하나님이 우리를 보실 때 찾으시는 것이 있습니다.
바로 하나님을 닮은 구석입니다. 자녀는 부모를 닮기 마련이니까요.

3장   죄를 벗고 의의 옷을 입다

갈보리 십자가에서 예수님이 우리와 자리를 바꾸셨습니다.
예수님은 죄인의 자리에, 우리는 의인의 자리에 서게 되었습니다.

4장   영광의 기업을 상속받다

하나님이 약속하신 복, 하늘에 속한 신령한 복이
우리 앞에 현실로 드러나는 날은 생각보다 빨리 찾아옵니다.

하나님의 선택을 받다

곧 창세전에 그리스도 안에서 우리를 택하사 …
그 기쁘신 뜻대로 우리를 예정하사
예수 그리스도로 말미암아 자기의 아들들이 되게 하셨으니
_ 에베소서 1장 4-5절

나는 누구인가

우리가 짧은 한 생을 살면서 꼭 한번 생각해 봐야 할 중요한 질문이 있습니다. 이 질문에 어떻게 대답하느냐에 따라 우리의 행동도 좀 달라지고, 삶의 질도 좀 달라집니다. 그 질문이 뭐냐 하면 "나는 누구인가? 나는 얼마나 소중한 존재인가?" 하는 것입니다. 바꾸어 말하면 "나는 내 신분이 어떠하다고 생각하느냐?" 하는 것입니다.

"나는 아주 소중한 존재다. 나는 정말 소중한 사람이다" 하고 언제든지 자신 있게 말하는 사람은 벌써 행동부터 남다릅니다. 그러나 "내가 뭐 별 볼 일 있나? 이렇게 살다가 가는 거지 뭐" 이런 말을 자기도 모르게 내뱉는 사람들은 가만히 보면 행동도 그 말대로 따라갑니다. 그러므로 자신의 정체성을 묻는 질문에 어떤 대답을 갖고 있느냐가 인생을 살아가는 데 참 중요합니다.

세상에서는 흔히들, 성공을 했다든지 또 명성을 얻었다든지 남다른 권력을 쥐고 있다든지 하면 그것이 그 사람을 평가하는 잣대가 됩니다. 그래서 그만큼 중요한 사람이라고 인정을 합니다. 피할 수 없는 일이죠. 왜냐하면 우리가 눈으로 보고 귀로 듣고 손으로 만지고 판단하는 물질세계에 갇혀 살아가고 있으니 자연히 눈에 드러나는 무엇이 있으면 그것으로 그 사람을 평가할 수밖에 없습니다.

그러나 하나님의 말씀을 한번 보세요. 하나님은 우리를 그런 식으로 평가하지 않으신다고 합니다. 성공 여부로 평가하지 않습니다. 권력이나 명성으로도 평가하지 않습니다. 하나님은 그분 자신이 우리를 누구로 보시느냐 하는 것으로 우리의 존재가 결정된다고 말씀하십니다.

하나님이 나를 어떻게 생각하시고, 누구로 인정하시고, 얼마나 귀한 존재로 보시느냐에 따라서 나의 존재 가치가 달라진다는 말입니다. 이런 의미에서, 온 세상이 나를 중요하게 여긴다 할지라도 하나님이 나를 그렇게 안보시면 아무 소용이 없습니다. 온 세상이 알아주는 사람이라도 하나님이 알아주지 않는 사람이면 의미 없는 사람이라는 것입니다. 이것이 하나님께서 말씀을 통해 우리에게 가르쳐 주시는 중요한 진리입니다.

내 믿음의 근원, 하나님의 선택

에베소서 1장에서 하나님은 우리에게 하늘에 속한 신령한 복을 주신다고 말씀하셨는데, 그 복 가운데 첫째가 하나님의 아들이 되는 복입니다. 우리를 하나님의 아들로 삼으시는 거예요. 우리의 신분을 하나님의 아들로 격상시켜 주시는 복, 이것이 하나님이 우리에게 주시는 복입니다.

그렇다면 이 복을 설명하는 핵심적인 용어들을 살펴봅시다. 먼저 '예정'이라는 단어를 주목하십시오.

"그 기쁘신 뜻대로 우리를 예정하사…"엡 1:5.

여기서 '예정'과 '선택'의 차이를 잠시 살펴보면 '예정'이란 하나님의 마스터플랜, 하나님의 구원 계획을 가리킵니다. 그렇다면 '선택'은 무엇입니까? 하나님이 예정하신 일을 이루는 하나의 방편입니다. 그러므로 우리가 선택된 것은 하루아침에 된 일이 아니고, 하나님이 오래전부터 마음속에 두고 있던 큰 계획_{예정}이 현실로 이루어진 것입니다.

통계를 보니 65억이 넘는 세계 인구 중에 기독교 인구는 33%이지만, 예수 그리스도를 진심으로 믿고 거듭난 그리스도인답게 살고자 애쓰는 사람은 전체 인구의 약 6% 정도라고 합니다. 하나님이 자녀를 선택하시는데, 100명 중 6명에 내가 들어갔다는 이야기지요. 그것도 하나님의 거대한 계획 가운데 일어난 일이라니 결코 과소평가할 수 없는 사건입니다. 이 사실을 어떻게 아무런 감격 없이 넘길 수가 있겠어요?

그런데 어떤 사람들은 생각만 해도 감격스러운 이 선택 교리에 대해 비판하고 반박하고 심지어 하나님의 얼굴에 침을 뱉으려고 합니다. 또 교회를 다니는 분들 가운데서도 "하나님은 사랑이시다"라는 메시지에는 고개를 끄덕끄덕하면서도 "하나님이 당신을 선택하셔서 하나님의 아들로 삼으셨습니다"라고 하면 왠지 모를 불편한 마음을 갖는 분들이 많습니다.

왜 그럴까요? 제가 생각하기로는 하나님이 우리를 선택해 주셨다는 이 교리가 너무나 값지고 은혜롭기 때문에 사탄이 가급적이면 이 교리를 받아들이지 못하도록 사람들의 마음을 흩뜨려 놓는 것 같습니다. 그래서 만세전에 하나님이 당신을 아들로 선택하셨으나 누군가는 선택하시지 않았다는 이야기를 들으면 비위가 상하는 것입니다.

사실 인간적인 측면에서 솔직하게 말한다면, 이 교리는 우리의 이성으로 속 시원하게 설명할 수도 없고, 그에 관한 까다로운 질문에 다 대답할 수도 없습니다. 이성의 잣대를 가지고는 그 큰 진리를 잴 수가 없습니다.

왜 한 태 안에 있는 쌍둥이를 놓고 형 에서는 택하지 않으시고 동생 야곱을 택하셨느냐고 묻는다면 대답할 길이 없습니다. 두 여자가 맷돌을 가는데 왜 한 여자는 구원해서 데려가시고 한 여자는 내버려 두시는지 설명하라고 한다면 아무도 합리적인 설명을 할 재간이 없는 것입니다. 또한 '인간에게 자유의지를 주셨으면서 왜 일방적으로 하나님이 선택해서 구원하시죠? 왜 자유의지를 완전히 무시하십니까?' 라고 묻는다면 이것도 대답하기가 좀 어렵습니다.

이처럼 선택 교리에는 인간의 이성으로 추적할 수 없는 고지가 있습니다. 그렇기 때문에 사람들은 '선택'에 관한 이야기만 나오면 촉각을 곤두세우고 예민하게 반응합니다. 그런데 하나님은 이 선택 교리가 우리의 이성이나 지성으로 감당할 수 없는 차원임을 아시고 성경에서 항상 설명 없이 사실만 던져 주십니다. 우리와 논쟁하지도 않으십니다. 우리의 질문에 일일이 답하려고 하지도 않으십니다. 그래서 바울은 이렇게 설명합니다. "토기가 토기장이한테 왜 자신을 간장 그릇으로 만들었느냐고 따진다면 말이 됩니까?"

어린 자녀가 아빠, 엄마가 하시는 일에 대해 자꾸 물으면서 참견을 합니다. "엄마, 이건 왜 이렇게 해? 저렇게 하면 안 돼?" 아이가 이해할 수 있는 일에 대해서는 부모가 차근차근 설명을 해주겠지만 아직 아이가 감당할 수 없는 일이라면 일일이 설명하지 않고 해야 할 일만 알려 줍니다. 그런데도 아이가 계속 참견하면서 자기 멋대로 하려고 떼를 쓰면 어떻게 합니까? "요녀석, 입 다물고 가만히 있어. 넌 엄마가 시키는 대로만 하면 돼."

하나님이 우리에게 하시는 것도 마찬가지입니다. 우리가 이해할 수 있는 것에 대해서는 아주 자상하게 설명해 주시지만, 우리의 이성과 사고를 뛰어넘는 것에 대해서는 사실만 이야기하실 뿐입니다. "하나님! 왜 뱃속에 든 쌍둥이 중에서 하나는 택하고 하나는 버리셨나요? 그럼 선택받지 못한 사람은 어쩌죠?" "삼위일체에 대해서 이해할 수가 없어요. 어떻게 하나님이 한 분이면서 셋이 될 수 있어요?" 이런 문제에 대해 하나님은 침묵하십니다.

분명한 사실은 하나님이 우리를 택하셨다는 것입니다. 인간의 논리로 설명하거나 과학적으로 입증할 수는 없지만, 하나님이 나를 택하셨다는 진리를 그대로 받아들여 믿기만 하면 그것이 내 마음 가운데 능력이 됩니다. 혹시 이러한 선택에 대해 아직 받아들이지 못하는 분이 있다면, 이 시간 성령님이 그 불편한 마음을 잠재워 주시고 '나를 선택하셨다'는 은혜 앞에 무릎 꿇고 감사할 수 있게 해주시길 바랍니다.

창세전에 선택하심

하나님의 선택에는 세 가지 특징이 있습니다. 첫째로, 하나님이 우리를 선택하신 시점은 '창세전'이라는 것입니다엡 1:4. 창세전에 선택하셨다니? 참 이해하기도 어렵고, 설명하기도 어렵습니다. 이 땅에 태어나 역사의 일부가 되기도 전에, 영원무궁 전부터 하나님은 우리를 당신의 영광스러운 아들딸로 가슴속에 새겨 두셨다는 것입니다. 육신의 부모가 낳아 사랑하기도 전에, 하나님은 이미 우리를 존귀한 자로 보시고, 사랑 어린 눈길로 주목하고 계셨다는 것입니다. 하나님의 경륜, 우리를 향한 꿈과 계획을 생각하면 기가 막힐 따름입니다.

과연 이 말씀이 진리일까요? 우리 생각으로는 도무지 믿기 어렵습니다. 그러나 하나님은 사람이 아니시니 거짓말을 하지 않으십니다민 23:19. 그렇게 하셨으니까 그렇다고 말씀하시는 것입니다.

하나님은 모든 일을 영원 속에서 계획하시고 영원 속에서 이루십니다. 하나님에게는 '시간'이라는 개념이 없습니다. 시간 역시 그분의 창조물일 뿐입니다. 그분은 영원하시며 스스로 존재하시는 분입니다. 그러므로 세상을 만들기 전에 하나님이 나를 아들로 선택하셨다는 이야기가 우리 생각에는 잘 이해되지 않습니다만, 시간을 초월해서 존재하시는 하나님 앞에서는 전혀 문제가 안 되는 이야기입니다.

"내 형질이 이루어지기 전에 주의 눈이 보셨으며"시 139:16상.

어머니 뱃속에 생기기도 전에 하나님이 나를 보셨다는 말입니다. 다른 말로 바꾸면 무無에서 나를 보셨다는 것입니다. 이 말을 이해할 수 있습니까? 존재가 없는 무無에서 나를 보셨다니, 이것이 바로 창세전에 나를 아들로 선택하셨다는 말씀과 통하는 말입니다.

사람은 형체가 생기기 전에는 존재라는 말을 쓰지 않습니다. 그러나 하나님은 형체 이전의 존재를 이미 알고 계십니다. '형체 이전의 나'라는 개체를 이미 알고 계셨다는 것입니다.

"나를 위하여 정한 날이 하루도 되기 전에 주의 책에 다 기록이 되었나이다"시 139:16하.

나의 역사가 시작되기도 전에 하나님이 미리 기록하셨다는 이야기입니다. 무엇이든지 역사가 있어야 기록이 따르지 않습니까? 그런데 나의 역사가 시작되기도 전에 기록이 앞선다는 것은 논리적으로 이해가 되지 않습니다. 그러나 하나님은 내 역사가 시작되기 전에 이미 기록하셨다고 말씀합니다.

우리는 하나님의 영원 자존적인 속성과 전지전능하신 속성을 분명히 알아야 합니다. 하나님은 세상을 만들기 전에 나를 아시고 아들로 선택하신 다음, 이 우주 만물을 창조하셨습니다. 재깍재깍 흐르는 시간은 내가 예수님을 믿고 하나님의 아들로 돌아올 때를 맞추어 놓은 것에 지나지 않습니다. 이 세상의 역사 안에 일어나는 모든 일은 하나님이 창세전에 선택하신 그 시간표에 따라 때를 맞추어 일어나는 것일 뿐입니다.

저는 이같이 놀라운 사실 앞에 하나님을 찬양합니다. 만약에 하나님이 창세전에 나를 택하지 않으시고 마음에 들 때 즉흥적으로 선택해서 예수님을 믿게 하셨다면 별로 놀랍지 않을 것입니다. 그런데 세상을 만들기 전에 하나님이 나를 먼저 아셨다니 얼마나 신나는 이야기예요? 내 역사가 시작되기 전에 하나님이 나의 역사를 이미 기록하셨다니 얼마나 가슴이 뜁니까? 만약 하나님이 어쩌다 나를 구원하셨다면 어쩌다 버리실 수도 있다는 불안에 휩싸이지 않겠어요? 내가 예수님을 믿고 하나님의 아들이 된 것은 하나님의 치밀하고 영원한 계획에서 비롯된 사건입니다. 생각만 해도 안심이 됩니다.

학창시절부터 연인 사이였던 남녀가 결혼을 앞두게 되었습니다. 하루는 데이트를 하는데, 난데없이 여자가 남자에게 이런 말을 합니다. "자기한테 한 가지 물어볼 게 있는데, 솔직하게 말해 봐." 남자는 지레 겁을 먹으며 되묻습니다. "뭔데?" "자기, 날 정말 사랑해? 혹시 이 여자 저 여자 찍어 보다가 넘어오는 여자가 없으니까 나한테 매달리는 거 아냐?" 남자는 속으로 뜨끔하지만 시치미를 뚝 떼고 오히려 발끈합니다. "뭐? 대체 무슨 말을 하는 거야! 나는 널 교실에서 처음 본 그 순간부터 마음속에 점찍었거든? 얼마나 어렵게 네 마음을 얻었는데, 뭐 어째?" 그 말을 듣는 여자는 남자가 아무리 목소리를 높여도 마음이 흐뭇합니다. '그러면 그렇지.'

우리도 마찬가지 아닙니까? 만약 하나님이 세상에서 이 사람, 저 사람 찾다가 하나님 뜻대로 잘 안 되니까 그제야 어쩔 수 없이 "옛다, 너나 예수 믿어라!" 하고 선택했다면 좋겠습니까? 그런데 하나님이 내가 태어나기도 전에, 아니, 세상을 만드시

기도 전에 나를 점찍어 두셨다니 이 얼마나 신나는 일이에요?

기쁘신 뜻대로 선택하심

둘째로, 하나님은 우리를 '기쁘신 뜻대로' 선택하셨습니다. 좀 더 쉬운 말로 표현하자면, 하나님이 좋아서 마음대로 우리를 뽑으셨다는 이야기입니다.

"모든 일을 그의 뜻의 결정대로 일하시는 이의 계획을 따라 우리가 예정을 입어 그 안에서 기업이 되었으니"엡 1:11.

하나님은 어떤 분입니까? 모든 일을 자기 마음대로 하실 수 있는 분입니다. 이것을 하나님의 '절대주권'이라고 합니다. 누가 시켜서 선택한 것도, 무슨 조건을 보고 선택한 것도 아닙니다. 하나님이 좋아서 우리를 자녀로 선택하신 것입니다.

"주의 손에 권세와 능력이 있사오니 능히 주와 맞설 사람이 없나이다"대하 20:6.

하나님은 하나님이 원하시는 대로, 마음에 합한 대로 하십니다. 어떤 사람들은 하나님의 이런 일방적인 결정을 매우 언 짧아합니다. '나에게도 자유의지가 있는데, 왜 내 동의도 없이 일방적으로 선택하신 거야?' 하고 말이지요. 인간의 자유의지 를 받들어 모시는 사람들입니다.

저는 그 생각에 반대입니다. 만약에 하나님이 저의 자유의 지를 존중하셔서 저와 의논한 후에 택하신다면, 제가 좀 철이 들 때까지 꼼짝없이 기다리셔야 합니다. 그럼 철이 든 후에 물 어보셨다면 제가 순순히 믿겠다고 대답했을까요? 천만에요. 인간치고 자진해서 하나님을 믿겠다고 나설 사람은 없습니다. 아마 미안한 마음에 이렇게 대답했겠지요. "하나님! 믿기는 믿 을 건데 지금은 좀 일러요. 조금 더 있다가 믿을게요." 결국 한 70세나 되어서야 믿으려고 했을지 모릅니다.

우리 가운데 상당수가 고난 속에서 부들부들 떨며 하나님께 나왔든지, 아니면 천부여 의지 없어서 손들고 나왔든지, 별로 내키지 않는데 어쩌다 보니 나온 사람들입니다. 혹은 믿는 집안 에서 태어나 어쩔 수 없이 신자가 된 사람들입니다. 자신의 자 유의지로 기꺼이 결단해서 예수님을 믿은 사람이 얼마나 되겠 습니까? 그러니 하나님이 우리에게 의논하고 선택하지 않으신 게 얼마나 다행인지요. 이런 점에서 저는 하나님이 자신의 '기 쁘신 뜻대로' 선택하신 것에 감사와 찬양을 올립니다.

　『천로역정』을 쓴 존 번연이 재미있는 예를 들었습니다. 노아가 120년 동안 방주를 짓자 하나님이 온갖 동물을 방주에 태우라고 명령하십니다. "깨끗한 동물은 일곱 쌍씩 싣고, 부정한 동물은 두 쌍씩 실어라." 하나님의 명령을 받은 노아와 그의 아들들이 어떻게 그 많은 동물을 붙잡아 방주에 태웠을까요? 공중에는 거대한 그물을 치고, 숲에는 덫을 대량으로 놓아서 잡았을까요?

　"에반 올마이티"Evan Almighty라는 영화에서 보듯이 동물들이 원근각지에서 스스로 모여들었습니다. 지진이 일어나기 전 동물들이 떼를 지어 황급히 이동하듯이 말이지요. 그런데 어떤 동물들이 방주로 찾아왔을까요? 선택된 동물들만 일곱 쌍씩, 혹은 두 쌍씩 왔습니다. 하나님이 보내신 것이지요. 동물들의 입장에서는 자신의 본능에 따른 것이었겠지만, 하나님 입장에서는 점찍어 놓은 동물들이 온 것입니다.

　우리 역시 마찬가지입니다. 수많은 사람들 가운데 왜 내가 예수님을 믿었습니까? 하나님이 창세전에 '기쁘신 뜻대로' 나를 선택했기 때문에, 내가 어떤 계기를 통해 예수님을 믿겠다고 고백하게 된 것입니다. 내가 의지적으로 하나님을 선택했다고 생각하십니까? 그런 교만은 버리시기 바랍니다.

　미국의 탁월한 강해설교자인 존 맥아더 목사님은 이런 예를 들었습니다. 폐차장 같은 곳에서 쓰는 기중기는 전기만 넣으면 자력이 생깁니다. 그걸 갖다 대면 쇠붙이는 쫙 끌려와 달라붙습니다. 그런데 알루미늄 같은 것은 아무리 끌어당겨도 꿈쩍하지 않습니다. 쇠붙이들은 우르르 끌려가는데, 전혀 느끼지도 못하고 그대로 있는 것입니다. 그와 같이 하나님은 때가 되면 택한 사람들이 예수님에게 이끌리도록 해주신다는 것입니다.

“나를 보내신 아버지께서 이끌지 아니하시면 아무도 내게 올 수 없으니”요 6:44.

예수님께 가고 싶다고 해서 아무나 갈 수 있는 것이 아닙니다. 하나님이 끌어당기셔야 갈 수 있습니다. 그러면 하나님이 어떤 사람을 이끕니까? 창세전에 선택해 놓은 사람을 이끌어 주십니다. 하나님이 우리를 선택하셨는데 어느 누가 우리를 하나님으로부터 떼어 놓을 수 있겠습니까?

그리스도 안에서 선택하심

셋째로, 하나님은 ‘그리스도 안에서’ 엡 1:3-4 우리를 선택하셨습니다. ‘그리스도 안에서', '그리스도로 말미암아'_{엡1:5}, '그가 사랑하시는 자 안에서'_{엡1:6}는 다 동일한 표현입니다. '그리스도 안에서'라는 말은 에베소서 전체에 서른네 번이나 나오는 아주 중요한 표현입니다.

거룩하시고 공의로우신 하나님이, 죄로 더러워져 하나님과 원수 된 우리를 자녀로 삼으실 때에는 아무 근거도 없이 하신 것이 아닙니다. 그렇다면 그 근거가 무엇일까요? 바로 하나님의 아들 예수 그리스도의 대속입니다.

하나님이 "내가 옥한흠이를 아들로 선택할까?" 하실 때 그 곁에서 예수님이 대답하십니다. "예. 그렇게 하세요. 제가 책임지고 대신 값을 지불할게요. 그러니 선택하세요." 그래서 하나님이 기쁘게 나를 선택하신 것입니다. 언제요? 창세전에요! 얼마나 놀라운 이야기입니까? 세상에 그 무엇이 존재하기도 전에, 그 어떤 사건이 일어나기도 전에 예수님의 보증을 근거로 하나님이 날 기쁘게 선택하셨습니다.

"아버지께서 아들에게 주신 모든 사람에게"_{요 17:2}.
"세상 중에서 내게 주신 사람들에게"_{요 17:6}.

여기서 하나님이 예수님께 주신 사람들이란 누구입니까?

창세전에 예수님이 보증을 서 주신 사람들, 그래서 하나님이 예수님께 맡긴 사람들입니다. 그 사람들만 예수님의 십자가 보혈로 죄 씻음을 받고, 장차 오실 주님과 함께 영광의 나라에 들어가게 되어 있습니다. 그 영광스러운 사람들 속에 내가 끼어 있는 것입니다. 그러니 이 사실 앞에서 어떻게 기뻐하지 않겠습니까?

구원을 받으려면 무엇이 있어야 됩니까? 믿음이 있어야 됩니다. 그런데 창세전에 하나님이 우리를 선택하실 때 우리에게 믿음이 있었습니까, 없었습니까? 없었지요. 구원의 절대조건이라 할 수 있는 믿음조차 없을 때 예수 그리스도의 보증으로 나를 하나님의 아들로 선택하셨습니다. 그렇게 하신 일이니 아무리 세상이 소용돌이쳐도 하나님과 나 사이를 끊을 자가 없습니다. 비록 세상에서는 초라하고 가난하고 보잘것없어 보여도 온 우주 만물이 생기기 이전에, 하나님이 기쁘신 뜻대로, 그리스도 안에서 자녀로 선택해 놓으신 나는 보통 위대한 존재가 아닙니다.

가슴에 손을 얹고 스스로 말해 보십시오. "나는 보통 위대한 존재가 아니다!" 이것이 예수님을 믿는 자들의 자존심입니다. 하나님께서 우리에게 선택받은 자로서의 긍지와 기쁨을 넘치도록 부어 주시기를 바랍니다.

하나님 아버지, 정말 감사합니다. 온 우주 만물을 만드시기
도 전에 나라는 존재가 하나님의 눈에 들어왔다니 참 불가
사의한 일입니다. 그러나 창세전에 그리스도의 보증으로 택
했다고 성경에 분명히 기록해 놓으셨습니다. 하나님의 아들
로 선택해 주신 은혜에 감사하며 찬양과 영광을 돌립니다.
이러한 확신이 없는 자에게 지금 그 의혹을 주님이 흩어 주
시고 하나님 앞에 무릎 꿇고 경배할 수 있는 은혜를 베풀어
주소서. 예수님 이름으로 기도합니다. 아멘.

1. 내 삶에 일어나는 모든 일은 우연과 내 노력의 조합으로 이루어지는 것이다?

2. 내 삶은 내 것이니 무엇이든 내 의지대로 하면 되고, 내가 착하게 살면 이 땅에서도 잘되고 죽어서도 좋은 곳에 갈 것이다?

1. 하나님은 창세전에 당신을 선택하셨으며, 당신의 삶을 계획하셨습니다.

"내 형질이 이루어지기 전에 주의 눈이 보셨으며 나를 위하여 정한 날이 하루도 되기 전에 주의 책에 다 기록이 되었나이다"(시 139:16).

2. 하나님은 당신의 자유의지가 아닌 하나님의 뜻대로 당신을 선택하셨으며, 당신의 어떠함과 상관없이 당신을 하나님의 자녀로 삼으셨습니다.

"모든 일을 그의 뜻의 결정대로 일하시는 이의 계획을 따라 우리가 예정을 입어 그 안에서 기업이 되었으니"(엡 1:11).

거룩한 자녀가 되다

… 우리로 사랑 안에서 그 앞에 거룩하고 흠이 없게 하시려고
_ 에베소서 1장 4절하

하나님의 자녀라는 신분

자녀를 둔 부모라면 모두 이런 경험을 한 적이 있을 것입니다. 신생아 때는 다 비슷비슷해 보이지만 아이가 한 6개월쯤 자란 후에 보면 이목구비가 좀 뚜렷해집니다. 그러면 아빠랑 엄마는 아기를 놓고 눈, 코, 입, 귀, 손, 심지어 가르마까지 여기저기 관찰을 합니다. 서로 말은 하지 않지만 각자 찾는 것이 있습니다. '우리 아기, 어디가 날 닮았나?' 아이에게서 자신을 닮은 구석을 발견할 때마다 신기하기도 하고 흐뭇하기도 합니다. 반대로, 아이가 아내와는 똑 닮았는데 아빠인 나와는 하나도 안 닮았다는 소리를 들으면 묘하게 섭섭해집니다.

하나님의 선택에 따라 우리는 하나님의 자녀가 되었습니다. 아무것도 아닌 존재에서 온 세상의 주인이신 하나님의 자녀가 된 것입니다. 그런데 우리의 아버지이신 하나님 역시 우리를 보면서 찾으시는 것이 있습니다. 바로 하나님을 닮은 구석입니다. 우리가 거룩하고 완전하신 하나님을 닮아 거룩하고 흠이 없는 자녀가 되길 바라시는 것입니다. 우리의 삶에서 거룩한 모습이 나타나길 간절히 기대하십니다. 이것이 우리를 향하신 하나님의 분명한 뜻입니다. 하나님이 세상을 향해 가지고 계신 뜻은 모든 사람을 구원하시는 것입니다. 그런데 이미 구원받은 우리를 향해 가지고 계신 뜻은 모든 성도가 거룩하고 흠 없는 사람이 되는 것입니다.

보통 "왜 예수님을 믿습니까?"라고 물으면 일반적으로 "구원받고 영생을 얻으려고요"라고 대답합니다. 물론 맞는 말입니다. 그러나 이 완벽한 대답 뒤에 위험이 도사리고 있습니다. 우리가 하나님이라는 존재를 의식하지 않고 막연히 구원받고 천국에서 영생을 누릴 생각만 한다면 여느 종교의 내세관과 다를 바 없습니다. "구원이 무엇입니까?" "죄 많은 세상에서 건져냄을 받는 것이지요." "그럼, 영생이 무엇입니까?" "오래오래 사는 것이지요." "천국은 무엇입니까?" "죽으면 가는 곳이지요." 불교나 회교도 이런 식으로 다 말할 수 있습니다.

우리에게 중요한 것은 천국도 아니요 영생도 아닙니다. 중요한 것은 하나님입니다. 하나님이 계신 곳이 천국이며, 하나님과 함께하기 때문에 영생을 누리는 것입니다. 이 모든 것은 하나님 때문에 우리에게 영광이자 기쁨이 되는 것입니다. 우리가 하나님의 존재를 과소평가한다면 구원도, 천국도, 영생도 그만큼 의미가 퇴색해 버리고 맙니다. 천사도 아니요, 먼저 간 성도도 아니요, 하나님과 함께 영원히 사는 것이 바로 구원입니다.

그렇다면 하나님과 함께 거할 수 있을 만한 신분과 자격이 우리에게 있습니까? 일단 우리의 신분은 창세전에 이루어진 하나님의 선택으로 인해 하나님의 자녀라는 신분으로 격상되었습니다. 그렇다면 남은 것은 자격입니다. 자격을 갖추어야 하나님과 함께할 수 있습니다.

에덴동산에서 죄를 범한 아담과 하와를 보십시오. 하나님과 함께 살 수 있는 자격을 잃어버리니까 하나님이 가까이 오시는 것도 견디지 못해 나무 뒤로 숨지 않습니까? 하나님을 보고 싶지도, 보려고 하지도 않습니다. 공포에 짓눌려 피하려고만 합니다. 그렇다면 하나님과 마음 놓고 교제하며 하나님의 존재로 인해 온전히 행복을 누리려면 어떤 자격이 필요할까요? 바로 거룩하고 흠이 없는 자녀가 되는 것입니다.

신분에 걸맞은 자격

하나님과 함께 영원히 살 수 있는 자격이 '거룩함'과 '흠 없음'이라면, 먼저 거룩함에 대해 살펴봅시다. 하나님의 속성 가운데 하나이기도 한 이 거룩함이란 과연 무엇일까요? 흔히 신학자들은 '모든 악으로부터 철저하게 자유로운 상태'라고 정의합니다. 좀 어려운 표현입니다만 마음에 담아두시기 바랍니다.

하나님은 죄로 오염되는 일이 없으십니다. 악에 영향을 받으시는 일도 없습니다. 또한 악과 동거하실 수 없습니다. 완전히 악에서 초연하고 자유로운 상태에 계신 분이 하나님입니다. 그래서 요한계시록을 보면 하나님을 모시는 천상의 영물들이 지금도 쉬지 않고 하나님을 향해 경배합니다.

"거룩하다 거룩하다 거룩하다 주 하나님 곧 전능하신 이여"계 4:8.

흠이 없다는 말은 무슨 뜻입니까? 이것은 제사 용어로, '절대적으로 완전하다'는 의미입니다. 구약시대에 하나님 앞에 제사를 드리기 위해서는 제물을 가지고 가야 했습니다. 하나님은 "제물에는 절대 흠이 있어서는 안 된다. 눈이 빠졌다든지 다리를 절룩거린다든지 피부에 흠이 있다든지 하는 결함이 있는 제물은 받지 않겠다"고 하셨습니다. 그래서 이스라엘 백성들은 동물들 가운데서 완전한 놈을 찾아야 했습니다. 그렇게 고른 동물은 얼마 동안 따로 두어 잘 먹이고 관리해서 어떤 결함도 생기지 않도록 사전에 예방을 했습니다.

하나님은 완전하신 분입니다. 그분에게는 결함도, 부족함도, 연약함도 없습니다. 완전히 충족된 상태입니다. 그러나 하나님 외에는 그 어떤 존재도 흠이 없노라 자신 있게 말할 수 없습니다. 그런데도 하나님은 우리에게 그와 같은 거룩함과 흠 없음을 요구하십니다.

"너희는 거룩하라 이는 나 여호와 너희 하나님이 거룩함이니라"레 19:2.

창세전에 하나님이 우리를 자녀로 선택하실 때, 그분은 어떤 일이 있더라도 자녀인 우리를 거룩하고 흠 없는 존재로 만들겠다는 결심을 하셨습니다. 아무도 이런 하나님의 의지에 도전할 수 없어요.

그런데 이런 이야기를 들으면 이상한 논리에 빠지는 사람들이 있습니다. '하나님이 창세전에 나를 아들로 이미 선택하셨고, 선택받은 사람은 구원을 얻는 것이 사실이라면, 내가 세상에서 거룩하게 살지 않는다고 해서 구원받는 데 문제가 되지는 않겠지? 나는 이미 택함을 받았으니까 탈선을 하든 죄를 짓든 결국에는 어떻게든 구원받을 것이 아닌가?'

논리상으로는 그럴듯합니다만 하나님의 말씀을 앞에 놓고 검토하면 이처럼 어처구니없는 생각도 없습니다. 하나님이 우리를 자녀로 선택하신 목적은 아버지처럼 거룩하고 흠이 없게 하시려는 것입니다. 그러므로 하나님은 선택받은 사람이 방종하는 것을 결코 허용하지 않으십니다. 정말 하나님의 선택을 받은 사람이라면 아무리 타락하고 싶어도 함부로 타락할 수 없다는 말입니다.

복음주의 학자들이 이구동성으로 하는 이야기가 이것입니다. 선택을 받았다면 그 증거가 있어야 되지 않겠습니까? 가시나무에서 포도를 딸 수는 없습니다. 포도는 포도나무에서만 딸 수 있듯이 선택받은 사람에게는 반드시 거룩함이라는 열매가 맺히게 되어 있습니다.

반대로 선택받지 못한 사람에게서는 거룩함이라는 열매가 나타날 수 없습니다. 아무리 신앙고백을 잘한다 해도, 대단한 체험을 가지고 있다 해도, 교회에서 남달리 열심히 섬긴다 해도 하나님이 요구하시는 거룩함이 보이지 않는다면 그는 선택받지 못한 사람입니다.

자녀를 위한 아버지의 선처

그런데 우리 가운데 그 누가 하나님과 같은 거룩함과 완전함에 도달할 수 있을까요? 놀랍게도 하나님은 불완전한 우리를 거룩하고 흠 없게 하시기 위해 은혜의 길을 이미 열어 주셨습니다. 어린 자녀를 위한 아버지의 선처입니다.

창세전에 하나님이 자녀로 선택한 사람은 어떤 계기를 통해 마음속에 예수님을 믿어야겠다는 의지가 생깁니다. 선택받은 사람에게 성령님이 역사하시기 때문이지요. 성령님은 우리가 예수님을 믿을 수 있도록 우리 마음에 기초 작업을 하십니다. 그래서 자기도 모르게 '아, 내가 그동안 헛살았구나. 예수를 믿어서 마음의 평안이라도 얻어야겠다' 하는 마음이 생기는 것입니다. 이렇게 해서 예수님을 자신의 주인으로 고백하는 순간, 기적이 일어납니다. 바로 하나님의 자녀로 소생하는 것이지요. 이를 일컬어 중생, 곧 거듭남이라고 합니다. 그러면 일단 하나님의 자녀라는 신분은 확보가 되었습니다.

이렇게 하나님의 자녀가 된 우리에게 하나님이 내리시는 처방이 있습니다. 바로 십자가에서 흘리신 예수 그리스도의 피로 우리의 모든 죄를 깨끗이 씻어 주시고 우리를 의롭다고 보시는 것입니다. 아담부터 시작된 원죄도, 내가 살면서 지은 고범죄도, 장차 하나님 나라에 가기까지 나도 모르게 범할 수 있는 그 어떤 죄도, 모두 예수님의 공로로 깨끗이 용서하시고 우리를 항상 의로운 자로 인정하신다는 것입니다.

이처럼 거듭나고 의롭다 함을 받은 것은 틀림이 없는데, 살다 보니 고민이 한두 가지가 아닙니다. 하나님이 죄 없다 여기시고 하나님의 자녀라는 영광스런 호칭을 주셨지만, 스스로 자신을 돌아보면 자녀 될 자격이 전혀 없는 것처럼 보인단 말이에요. 바울이 로마서 7장에 기록했듯이 옛사람과 새 사람의 갈등이 끊임없이 계속됩니다. 우리의 마음이 성령의 소욕과 육체의 소욕이 다투는 전쟁터가 된 것이지요. 신분은 있되 자격은 없으니 그야말로 모순입니다.

예전에 정기적으로 우리 교회를 찾아오시는 손님들이 있었습니다. 교회에 와서 얼마씩 얻어 가는 것이 일인 40대 남자 너댓 분이었는데, 어느 주일에 저와 딱 마주쳤습니다. 그래서 제가 이야기를 했지요. "오늘은 주일인데, 돈만 얻어 가서 되겠습니까? 30분만 지나면 예배가 시작되니까 예배드리고 예수님 믿으세요." 그랬더니 그중 한 분이 문을 열고 나가면서 이렇게 말합니다. "목사님, 이렇게 높은 분들이 많이 드나드는 교회에 우리 같은 사람이 어떻게 들어갑니까?" 뭐 여기까지는 종종 듣는 말이니 그렇다 쳐도 그 다음 이야기가 인상적이었습니다.

"만약에 우리가 예배드린다고 들어가 앉아 있으면 사람들이 냄새난다고 쫓아낼걸요." 생각해 보니 정말 그럴 것 같았습니다. 오랫동안 목욕도 하지 않고, 빨지도 않은 옷을 입은 분들이라 옆에 가면 냄새가 날 것은 틀림없습니다. 그것도 너댓 명이 앉아 있으면 사방으로 악취가 물씬물씬 풍기겠지요. 쫓겨날 게 뻔하다는 말도 과언이 아닙니다.

그 말을 들으면서 우리도 하나님 앞에서 비슷한 입장이라는 생각을 했습니다. 우리가 하나님의 자녀라는 신분은 얻었지만 계속 속에서 썩는 냄새가 납니다. 이것이 우리의 고민입니다. 그러니 하나님처럼 거룩하고 흠이 없게 된다는 것은 까마득한 얘기처럼 들립니다. 어떻게 그 수준까지 올라갑니까? 어떻게 해야 하나님이 코를 막으시는 일이 없어질까요? 그런데 하나님은 우리의 이러한 고민을 정확하게 꿰뚫어 보시고, 우리를 거룩하고 흠이 없는 하나님의 자녀로 만드는 과정에 기가 막힌 원칙 두 가지를 세워 놓으셨습니다.

완전함에 이르는 두 가지 원칙

첫째는, '점진적으로'라는 원칙입니다. 하나님은 하루아침에 우리에게 하나님처럼 되라고 하시지 않습니다. 육체를 입고 이 세상을 살아가는 나약한 인간들을 너무 잘 아시기에, '순간'이 아니라 '차츰'을 택하신 것입니다. 하나님처럼 거룩하고 완전하게 되는 것이 이 세상을 사는 우리의 목표이되, 결국에는 완성할 수 있게 해주셨습니다.

저는 이 사실이 얼마나 위로가 되는지 모릅니다. 때때로 제 안에 연약함과 죄된 본성을 발견하고 몸부림칠 때도 있지만, 이것도 시간과 함께 반드시 처리될 것임을 알고 있습니다. 우리의 냄새나는 부분들만 보면 절망과 낙담에 빠질 수밖에 없지만 하나님의 '점진적인' 원칙을 생각하면 희망이 있습니다. 이 원리를 기억하고 내가 포기하지만 않는다면 점진적으로 그 문제가 처리되고 결국에는 하나님처럼 거룩하고 흠이 없는 자가 될 날이 올 것이기 때문입니다.

둘째는, '상호 협력'의 원칙입니다. 혼자 힘으로는 하나님이 세워 놓은 목표에 도달할 수 없음을 아시고 우리를 도와줄 분을 보내 주셨습니다. 누구입니까? 바로 성령님입니다. 눈에 보이지는 않지만 성령님이 오셔서 우리 마음속에 내주하고 계시죠. 하나님처럼 거룩하고 흠이 없는 상태에 이르기까지 때로는 말씀을 깨우쳐 주기도 하시고, 때로는 책망하기도 하시고, 때로는 근심하기도 하십니다. 때로는 우리에게 진리의 기쁨을 안겨 주기도 하시고, 때로는 하나님의 사랑을 깨닫는 놀라운 황홀경으로 이끌기도 하십니다. 그러면서 계속 앞에 있는 고지를 향해 나아가게 하십니다. '너는 하나님처럼 거룩해질 사람이야.' 그리고 우리 힘으로 할 수 없는 부분들을 고쳐 주십니다. 내 힘으로 끊을 수 없는 습관을 끊게 하시며, 아무리 회개해도 사라지지 않는 숨은 죄를 뿌리째 뽑아 내도록 도와주십니다.

이렇게 돕는 분을 주셨으니, 우리 입장에서는 어떻게 해야 할까요? 성령님이 인도하시는 대로 순종해야 합니다. 순종하지 않으면 상호 협력이 되지 않습니다. 아무리 성령님이 우리를 거룩하게 만들려고 해도 우리가 순종 안하고 버티면 어쩔 도리가 없지요. 이렇게 하나님은 성령님과 상호 협력하게 해주셨습니다. 우리가 비록 불완전하지만 성령님이 우리를 돕고 계심을 믿고 낙심하지 맙시다. 그리고 성령님이 명하시는 것에 순종합시다. 그러면 하나님처럼 거룩하고 흠이 없게 되는 것은 시간문제입니다.

우리에겐 꿈이 있습니다

그렇다면 우리가 명심해야 할 것이 두 가지입니다. 첫째는, 우리에게 하나님의 자녀로

서 거룩한 증거가 나타나야 한다는 것입니다. 부모가 자식에게서 닮은 구석을 기대하듯이 하나님도 우리에게서 닮은 구석을 발견하기 원하십니다. 그런데 이러한 증거가 전혀 보이지 않는다면 그 사람은 선택받았다는 말을 함부로 할 수 없습니다. 정말 하나님의 자녀라면 완전하지는 않더라도 나날이 하나님을 닮아 가는 모습이 보이는 것이 정상입니다.

제자훈련을 하던 중 한 자매가 이런 말을 했습니다. "목사님, 제자훈련을 받고서 믿음이 점점 자라다 보니 사는 게 재미가 없어요." 예수님을 믿고 사는 게 재미가 없다니, 이게 무슨 말인가 싶었습니다. "예수님을 믿기 전에는 세상에 재밌는 게 너무 많았어요. 날마다 여기저기 다니면서 즐기던 것들이 수두룩했는데, 이젠 그런 것들이 다 시시하게 보여요."

요지는 이것입니다. 이전에 그녀의 마음을 만족시키던 세상의 가치들이 더 이상 그 마음을 만족시킬 수 없게 되었다는 것이지요. 오직 하나님만이 자신에게 진정한 기쁨과 소망이 된다는 것입니다.

하나님 편에서 볼 때, 집 사고 자동차 사고, 여기저기 쇼핑하고 흥청망청 쾌락을 좇는 삶을 어떻게 생각하시겠습니까? 하나님이 그런 것을 부러워하시겠습니까? 하나님께는 그 모든 것이 시시껄렁한 일입니다. 그러니 예수님을 믿고 점점 자라갈

수록 예전에 좋던 것들이 시시껄렁하게 느껴지는 것입니다. 그보다는 더 값지고 보람 있고 의미 있는 일을 찾아 행하려는 거룩한 욕망이 생깁니다. 누구를 닮았습니까? 바로 하나님 아버지를 닮아 가는 것입니다.

그런데 만일 하나님의 자녀로 선택된 자가 날마다 성령의 도움을 받아 하나님을 닮아 가는 과정에서 순종하지 않고 계속 고집을 부리면 어떻게 될까요? 그때부터는 하나님이 매를 드십니다. 사랑하는 자기 자식이기 때문에 잘못된 길로 가면 돌이키도록 훈계하시는 것입니다. 자기 자식은 때려서라도 바로 잡으려는 게 부모의 마음이니까요.

한 가지 더 기억할 것은, 우리에겐 꿈이 있다는 사실입니다. 언젠가는 하나님처럼 완전히 거룩하고 흠 없는 존재가 될 것이라는 꿈입니다. 다른 말로 하면, 우리가 하나님처럼, 또 예수님처럼 된다는 이야기입니다. 너무나 대단하고 어마어마한 꿈입니다.

우리는 절대 보통 사람들이 아닙니다. 장차 하나님처럼 될 큰 꿈을 가지고 계속 하나님을 닮아 가는 대단한 존재입니다. 확신과 기대를 가지십시오. 이 꿈을 품으면 거룩하게 사는 데 굉장히 도움이 됩니다. '내가 얼마나 귀한 존재인데 그런 일을 할 수 있겠어?' 하고 외칠 힘이 생깁니다.

어떤 사람이 백 세까지 장수하겠다는 꿈을 가졌습니다. 그래서 장수하는 비결을 배우기 위해 장수한 사람들의 기록을 찾아보았습니다.

90세가 넘도록 정정한 한 노인의 장수 비결을 보니 그는 40세부터 아내와 각방을 쓴 것이었습니다. 얼마나 무서운 노력입니까? 어떻게든 건강하게 오래오래 살려는 사람들에게는 남이 꺾을 수 없는 대단한 의지가 있습니다.

장수하겠다는 꿈을 위해서도 자신이 좋아하던 것을 가차 없이 끊어 버리는데, 하나님처럼 거룩하고 흠 없는 완전한 사람이 되겠다는 엄청난 꿈을 가지고 있다면 뭐가 달라도 다른 티가 납니다.

하나님처럼 될 사람이 어떻게 말을 함부로 할 수 있습니까? 어떻게 나쁜 습관에서 빠져나오지 못합니까? 어떻게 세상 사람들이 하는 대로 따라서 행동할 수 있겠어요? 우리의 신분이 세상 사람들과 다르다는 것을 다시 한 번 확인하고, 하나님처럼 흠이 없고 완전하게 되는 고지를 향해 지금도 올라가고 있다는 사실을 잊지 마시기 바랍니다.

거룩한 꿈을 품고서, 성령님의 도우심으로 끊을 것은 끊고 하나님의 자녀답게 삽시다. 이것이 거룩한 하나님이 자기 자녀를 향해 품은 꿈입니다.

영광 가운데 계시는 하나님 아버지, 감사합니다. 비천한 자리에 앉아 날마다 죄만 짓고 있는 티끌만도 못한 우리를 창세전에 하나님의 자녀로 선택하시고, 그리스도 안에서 우리를 부르사 거룩하고 흠이 없는 하나님의 자녀로 영원토록 찬송하고 기뻐하며 살 수 있게 하신 것을 감사합니다. 이러한 신분에 걸맞은 자격을 갖추고 싶습니다. 날이 갈수록 아버지를 닮아 가는 자녀가 되고 싶습니다. 아버지이신 하나님처럼 거룩하고 흠 없이 온전해지겠다는 거룩한 꿈을 품게 하소서. 날마다 성령님의 도우심으로 하나님의 자녀 된 증거를 삶으로 나타내게 도와주소서. 예수님 이름으로 기도합니다. 아멘.

1. 하나님이 나를 자녀로 이미 선택하셨다면 내가 세상에서 어떻게
   살든 구원은 따 놓은 당상이다?

2. 아무리 노력해도 하나님처럼 거룩하게 살 수 없는데 골머리를 썩
   느니 그냥 속 편히 사는 것이 낫다?

1. 당신이 하나님의 자녀라면 하나님을 닮은 거룩함을 갖게 됩니다.

   "그러므로 형제들아 내가 하나님의 모든 자비하심으로 너희를 권하노니 너희
   몸을 하나님이 기뻐하시는 거룩한 산 제물로 드리라 이는 너희가 드릴 영적
   예배니라"(롬 12:1).

2. 하나님은 당신의 연약함을 아시고 진노를 늦추시며 인내로 기다
   리십니다. 그리고 당신이 조금씩 자라가는 모습을 볼 때마다 크
   게 기뻐하십니다.

   "우리에게 있는 대제사장은 우리의 연약함을 동정하지 못하실 이가 아니요 모
   든 일에 우리와 똑같이 시험을 받으신 이로되 죄는 없으시니라"(히 4:15).

죄를 벗고 의의 옷을 입다

우리는 그리스도 안에서 그의 은혜의 풍성함을 따라
그의 피로 말미암아 속량 곧 죄 사함을 받았느니라
_ 에베소서 1장 7절

존재론적 딜레마

가끔 인사 청문회를 지켜보면, 저명한 분들이 자신의 치부가 드러나 어려움을 겪는 모습에 안타까울 때가 많습니다. '털어서 먼지 안 나는 사람이 아무도 없구나!' 하는 생각도 들고, 사회적 명망가일수록 그 인격이나 도덕성에 거품이 많다는 생각도 듭니다.

그런데 만일 하나님이 나를 세워 놓고 털기 시작하면 어떻게 될까요? 사탄이 옆에서 남이 모르던 나의 죄들을 고자질하고, 그 모든 것을 하나님이 추궁하신다면 과연 어떻게 될까요? 이것은 막연한 공상이 아닙니다. 하나님은 이 세상 끝날, 전 인류가 말실수 하나까지도 그분 앞에서 심판을 받는다고 분명히 말씀하셨습니다. 그게 바로 천국 청문회 아니겠습니까? 물론 우리는 예수님을 믿기 때문에 그런 일은 겪지 않습니다.

그러나 주변에 있는 사람들을 한번 생각해 보세요. 하나님이 누군지도 모르고 사는 사람들은 결국 그런 자리에 서게 될 텐데 어떻게 견뎌 낼까요? 토지 투기나 위장 전입 정도로 그치면 차라리 다행일 것입니다. 천국 청문회에서는 숨겨졌던 오만 가지 죄가 다 드러날 텐데 어떻게 견디겠어요? 그래서 저는 청문회를 보면서 '참 대단하겠다. 천국 청문회가 벌어지면 제정신 멀쩡할 사람 아무도 없겠다'라는 생각을 했습니다.

하나님은 인류 가운데서 얼마를 택하셔서 당신의 영광스러운 아들로 삼기로 작정하셨습니다. 삼으시되, 거룩하고 온전한 하나님처럼 흠과 티가 없는 아들로 삼기로 계획하고 우리를 부르셨습니다. 그런데 이 일을 이루기 위해서 먼저 넘어야 할 장벽이 있습니다. 바로 '죄'라는 문제입니다.

죄 문제를 해결하지 않고는 절대 그 누구도 아들로 삼을 수 없을 뿐 아니라 아들로 삼았다 해도 하나님과의 진정한 부자 관계를 유지할 수 없습니다. 그렇기 때문에 하나님 입장에서 죄 문제는 반드시, 완전하게 처리해야 할 중요한 문제입니다.

처음에 하나님은 인간을 도덕적 주체자로 만드셨습니다. 말을 좀 바꾸면, 독자적으로 선과 악을 자유롭게 선택할 수 있는 존재로 만드셨다는 말입니다. 그래서 하나님의 뜻에 순종할 수도 있고, 하나님의 뜻에 거역할 수도 있는 것입니다.

어린 자녀가 대여섯 살이 될 때까지는 어머니가 매일 방을 청소해 주지 않습니까? 그러다가 학교에 들어갈 나이쯤 되면 아이를 불러 놓고 가르칩니다. "지금까지는 엄마가 해주었지만, 이제 네 방 청소는 네가 해야 돼. 엄마가 어떻게 청소하는지 봤지? 너도 그렇게 하렴." 어떤 날은 아이가 엄마가 하던 대로 방을 깨끗이 정리해 놓습니다. 그러나 때로는 엉망으로 흩어 놓기도 합니다. 엄마는 아이가 이럴 수도 있고, 저럴 수도 있음을 미리 내다보고 맡긴 것입니다. 왜냐하면 아이는 자유의지를 가진 인격이니까요. 하나님이 우리를 그렇게 창조하셨습니다.

그런데 불행하게도 우리 조상 아담은 하나님께 순종하는 편이 아닌, 하나님을 거역하는 쪽으로 자유의지를 사용했습니다. 그 결과 모든 인류가 타락하고 말았습니다. 타락했다는 말은 하나님께 순종하는 의지는 아주 약해지고 하나님을 거역하는 의지가 강해졌다는 뜻입니다. 결국 인류는 아담을 따라서 허물과 죄로 비참한 운명에 처하게 되었습니다_{엡 2:1 참고}. 선을 행할 의지는 제 기능을 못하고, 악을 행할 의지만 남아 공중의 권세 잡은 사탄이 시키는 대로 따라가게 된 것입니다. 사탄은 우리를 어떻게 유혹합니까?

"전에는 우리도 다 그 가운데서 우리 육체의 욕심을 따라 지내며 육체와 마음의 원하는 것을 하여 다른 이들과 같이 본질상 진노의 자녀이었더니"엡 2:3.

사탄은 우리 육체의 정욕을 자극하여 뭐든지 욕심대로 행하게 합니다. 그렇게 해서 하나님을 거역하고 순종하지 못하게 하는 것입니다. 이제 우리는 자아를 가장 우선시하고, 중요시 여기는 존재가 되었습니다. 제일 좋은 자리에 나를 앉히려고 합니다. 나 자신이 우상이 되어 무엇이든 내가 원하는 대로 하려고 합니다. 나를 기쁘게 하는 일이 삶에서 가장 소중한 목표가 되었습니다. 이 사실을 부인할 사람은 아무도 없을 것입니다.

가장 중요한 자리에 자신을 앉혀 놓고 살지 않습니까? 자기 자신을 가장 사랑하지 않습니까? 이것이 하나님께 반역하는 죄라는 것을 모르기 때문에 우리가 심각하게 여기지 않는 것이지, 실제로 이것은 우상숭배의 죄입니다. 우리 모두가 이런 자리에 떨어지고 말았습니다. 그 결과 우리 인간은 존재론적 딜레마에 빠졌습니다. 이에 대해 명쾌하게 설명한 C. S. 루이스의 말을 좀 풀어 보겠습니다.

하나님은 절대선입니다. 만일 절대선이신 하나님이 이 우주를 다스리지 않는다면, 우리가 아무리 노력하고 애쓴다 한들 아무런 소망이 없습니다. 절대악인 사탄이 다스린다고 생각해 보십시오. 거기에 무슨 소망이 있겠습니까? 그러므로 반드시 절대선이신 하나님이 우주를 다스리셔야 합니다. 그런데 절대선이신 하나님이 우주를 다스리신다면 날마다 죄를 범하는 우리는 하나님의 원수가 되고 맙니다. 자연적으로 우리는 하나님과 함께 거할 수도 없고, 그렇다고 하나님 없이 살 수도 없는 아주 묘한 존재가 되고 말았습니다. 하나님은 우리에게 가장 필요한 존재이면서도, 동시에 우리가 제일 멀리하고 싶은 존재가 되었습니다.

이것이 죄 가운데 사는 우리의 딜레마입니다. 절대선이신 하나님 앞에 선 죄인 된 우리의 모습입니다.

죄를 해결하기 위한 하나님의 묘안

이런 딜레마에서 자유로울 수 있는 길은 죄의 문제를 해결하고 언제든지 "아빠, 아버지"라고 부르면서 품에 안길 수 있는 아름다운 부자 관계로 회복되는 것입니다. 그런데 어떻게 죄의 문제를 깨끗이 용서받고 하나님의 아들이 될 수 있습니까? 남보다 선하게 살아도, 고행을 하고 도를 닦아도 소용이 없습니다. 죄를 범하지 못하게 손발을 묶어 둔다 해도 해결되지 않습니다. 우리 스스로는 자신의 죄를 처리하지 못합니다.

알베르트 슈페르는 2차 세계대전 당시, 독일의 공장을 100% 가동시키는 데 천부적인 지혜를 발휘했던 공학자입니다. 전쟁이 끝난 후, 전범 24명이 재판을 받았는데 그 가운데서 오직 슈페르만 자신의 죄를 인정해서 20년 동안 감옥살이를 했습니다. 석방이 되자 그는 여러 권의 책을 썼습니다. 한번은 미국 ABC 방송 기자가 인터뷰를 했습니다.

"슈페르 씨, 초창기에 쓴 책을 보면 '나의 죄는 절대로 용서받을 수도 없고, 용서받아서도 안 된다'는 말이 있던데요. 지금도 그 생각이 변함없습니까?" 슈페르는 아주 슬픈 기색을 띠고 대답했습니다. "나는 20년 동안 형무소에서 죗값을 치렀고 지금은 자유인입니다. 그러나 내 마음은 여전히 내게 절대 용서받을 수가 없다고, 용서받아서도 안 된다고 말합니다." 그는 처절하게 참회의 길을 찾았지만 자신의 힘으로는 자유로워질 수 없었던 것입니다. 무섭고 잔인한 죄책감에 시달리다가 며칠 후 세상을 떠나고 말았습니다.

사람이 스스로 자기 죄에서 벗어날 수 있습니까? 양심에 남아 있는 죄책감을 누르고 자유를 누릴 수 있나요? 죄가 기억에서 사라졌다고 해서 자유로워집니까? 그렇지 않습니다. 죄는 자신에게 범하는 것이 아닙니다. 이웃에게 범하는 것도 아닙니다. 죄는 하나님께 범하는 것입니다. 그러므로 하나님과 관계없이 스스로, 독립적으로 죄 문제를 처리할 수 있는 사람은 아무도 없습니다. 슈페르처럼 결국은 죄책감과 씨름하다가 인생을 하직하는 것이 하나님을 떠난 인간의 운명입니다.

하나님의 입장에서도 우리의 죄 문제는 그리 간단하지가 않습니다. 천지만물을 말씀으로 창조하셨던 것처럼 "죄는 없어져라. 내가 용서하노라" 그렇게 말 한마디로 될 일이 아니에요. 왜 그렇습니까?

하나님은 "피 흘림이 없이는 죄 사함이 없다"고 사죄의 원칙을 정해 놓으셨습니다 히 9:22 참조. 죄는 인간이 범했으므로 당사자인 인간이 책임을 져야 합니다. 그것도 죄인의 피나 동물의 피가 아닌 의인의 피가 있어야 합니다. 그러니 신이신 하나님이 어떻게 대신 피를 흘리겠습니까? 또한 죄를 범한 사람은 무한하신 하나님의 존재를 거역하는 것입니다. 그러므로 하나님 편에서도 죄를 처리하는 문제는 어려운 것입니다. 그래서 하나님은 이 문제를 다루기 위해 예수 그리스도와 약속을 하셨습니다. 하나님의 아들이신 예수님이 사람의 몸을 입고 이 세상에 오셔서 우리의 죄를 담당해 주시기로 아버지와 약속한 것입니다. 그래서 예수님이 세상에 오셨습니다.

예수님의 자리바꿈

이제 죄 사함을 받는 길이 열렸습니다. 어떻게 열렸습니까? 인간의 몸을 입고 오신 예수님이 우리를 대신해 십자가에서 의로운 피를 흘리셨습니다.

"우리는 그리스도 안에서 그의 은혜의 풍성함을 따라 그의 피로 말미암아 속량 곧 죄 사함을 받았느니라"엡 1:7.

죄의 값은 영원한 죽음입니다. 영원한 하나님의 진노를 대신 받으시려고 예수님이 십자가에서 죽으셨습니다. 그렇게 해서 나타난 결과가 구속입니다. 옛날에는 주인이 노예에게 자유를 주기 위해 돈을 지불하는 것을 구속이라고 했습니다. 이처럼 예수 그리스도께서 우리의 죗값을 자신의 생명으로 지불하시고 우리를 죄에서 자유롭게 하셨습니다.

이 십자가의 공로, 십자가의 은혜를 가장 잘 설명한 말씀이 있습니다. 이 말씀은 꼭 외우시면 좋겠습니다.

"하나님이 죄를 알지도 못하신 이를 우리를 대신하여 죄로 삼으신 것은 우리로 하여금 그 안에서 하나님의 의가 되게 하려 하심이 라"_{고후 5:21}.

하나님이 죄를 알지도 못하는 예수님에게 우리를 대신해서 무엇이 되게 하셨습니까? 죄 덩어리, 죄 그 자체가 되게 하셨습니다. 왜 그렇게 하셨나요? 우리를 예수님 안에서 하나님의 의가 되도록 하기 위해서입니다.

마르틴 루터는 이 내용을 가지고 '자리바꿈을 하셨다'고 표현했습니다. 십자가에서 하나님은 예수님과 우리의 자리를 바꾸어 주셨습니다. 죄는 더 이상 우리의 것이 아닌, 예수님의 것이 되었습니다. 의는 더 이상 예수님의 것이 아닌, 우리의 것이 되었습니다. 예수님이 십자가에서 흘리신 피를 보시고 하나님이 우리에게 죄 없다고 선언하셨기 때문입니다. 이것이 예수님은 죄인이 되고 우리는 의인이 된 원리입니다.

미국의 어떤 목사님이 신혼여행을 갔습니다. 평소 그 목사님을 아끼던 분이 선물로 한 고급 식당에 저녁 식사를 예약해 주었습니다. 신이 난 부부는 멋있는 셔츠를 골라 다림질해 입고 식당을 찾아갔습니다. 식당에 들어가려는데 지배인이 막아섭니다. "죄송합니다만 들어가실 수 없습니다." "그게 무슨 말씀이죠? 저희는 예약이 되어 있는데요." "저희 식당은 정장을 입어야만 들어가실 수 있습니다." 안타까워서 떠나지도 못하고 멋쩍게 서 있는데 정장 차림의 커플들이 팔짱을 끼고 들어갑니다.

한 3, 40분이 지나니까 자리가 거의 다 찼습니다. 목사님은 지배인에게 마지막으로 사정을 했습니다. "우리가 신혼여행 중인데, 어떻게 좀 안 될까요?" 그러자 지배인이 한참 생각하더니 어디에서 양복 저고리 하나를 구해 왔습니다. 그 옷을 빌려 입고 부부는 식당에 들어갈 수 있었다고 합니다.

예수님의 비유가 생각나지 않습니까? 예수님은 하나님 나라를 이렇게 비유하셨습니다. 어떤 임금이 자기 아들의 혼인 잔치를 차려 놓고 사람들을 오라고 청했습니다. 초청받은 사람들이 오지 않자 화가 난 임금은 종들을 시켜 길에서 만난 사람들을 데려다가 자리를 채우게 했습니다.

임금이 들어와서 자리를 둘러보는데, 한 사람이 예복을 입지 않고 앉아 있습니다. "친구여, 왜 예복을 입지 않았습니까?" 그는 할 말이 없었습니다. 임금이 신하에게 명령했습니다. "이 사람을 끌고 나가 바깥 어두운 데 내던져라. 거기서 슬피 울며 이를 갈 것이다." 예복을 입지 않은 죗값을 톡톡히 치를 것이라는 말입니다.

예복은 무엇입니까? 바로 예수님의 옷입니다. 예수님을 믿는 순간, 우리에게 죄 없는 예수님의 깨끗한 옷을 입혀 주셨습니다. 이것이 하나님이 주신 놀라운 은혜입니다. 히브리서 기자는 예수님이 한 번 십자가에 못 박혀 죽으심으로 우리를 영원히 온전케 하셨다고 선언했습니다. 다시는 하나님이 우리의 죄와 불법을 기억하지 않으신다고 했어요. 그뿐 아니라 로마서 기자는 하나님이 다 용서하셨기 때문에 아무도 우리를 정죄하지 못한다고 말씀하십니다.

"누가 능히 하나님께서 택하신 자들을 고발하리요 의롭다 하신 이는 하나님이시니 누가 정죄하리요…"롬 8:33-34상.

하나님이 이렇게 우리의 죄 문제를 깨끗이 해결해 주셨습니다. 할렐루야! 이것이 하나님이 주신 하늘의 복입니다.

용서받은 사람의 세 가지 반응

예수님의 보혈로 죄를 용서받았다는 믿음이 있다면, 예수님의 옷을 입고 언제나 하나님 앞에 의인으로 설 수 있다는 믿음이 있다면, 하나님 앞에 반드시 세 가지 반응을 보이게 됩니다.

첫째는, 항상 감사하고 기뻐하는 것입니다. 죄 용서 받은 것을 생각하면 자다가도 벌떡 일어나서 찬송할 정도로 우리의 가슴이 감격으로 넘쳐 납니다. 가끔 저는 하나님께 묻습니다. "하나님 아버지, 저의 죄가 다 어디로 갔습니까?" 하나님이 대답하십니다. "못 찾겠어. 아무리 뒤져 봐도 없어." 이런 음성을 한번 들어보세요. 얼마나 가슴이 뛰는지 모릅니다.

때론 용서받은 기쁨을 몽땅 빼앗길 때도 있습니다. 고된 세상살이 때문에 하나님이 용서해 주셨다는 사실이 전혀 기쁘게 느껴지지 않을 때도 분명 있어요. 그러나 육신적인 한계를 뛰어넘고, 내가 하나님 앞에 언제든지 거룩하고 흠이 없는 아들로 설 수 있게 되었다는 사실을 되새기고 묵상해 보세요. 어떤 상황에서도 기뻐할 수 있고 감사할 수 있고 찬송할 수 있는 충분한 이유가 됩니다.

제 이름을 보세요. 옥한흠, '한없이 흠이 많은 옥玉'입니다. 옥은 흠이 많으면 쓸모가 없습니다. 그런데 제가 예수님의 의의 옷을 입은 후에는 '한 개의 흠도 없는 옥'이 되었습니다. 완전히 바뀐 것이지요. 누가 나를 그렇게 만들었나요? 하나님이 나를 그렇게 만드셨습니다. 정말 감격적인 일이지요. "마음에 가득한 의심을 깨치고"라는 은혜로운 찬송이 있습니다.

금이나 은같이 없어질 보배로 속죄함 받은 것 아니요

거룩한 하나님 어린양 예수의 그 피로 속죄함 얻었네

나 같은 죄인이 용서함 받아서 주 앞에 옳다 함 얻음은

확실히 믿기는 어린양 예수의 그 피로 속죄함 얻었네

속죄함 속죄함 주 예수 내 죄를 속했네 할렐루야

소리를 합하여 함께 찬송하세 그 피로 속죄함 얻었네

하나님 앞에 돈다발을 들고 가도 속죄받을 수 없습니다. 오직 예수님의 피를 통해 속죄함을 받고 주 앞에 옳다 함을 받습니다. 이런 찬송이 항상 가슴에서 솟아나야 합니다.

둘째로, 하나님의 거룩한 자녀답게 살려는 의지가 솟아납니다. 가끔 보면 성도들 중에 세상에서 죄 범하는 것을 대수롭지 않게 여기거나, 어차피 용서받으니까 괜찮다고 생각하는 사람들이 있습니다. 아주 무서운 병에 걸린 사람입니다. 그런 사람은 아직 예수님을 진정으로 믿는다고 할 수 없습니다.

하나님의 용서를 받고 거룩한 자녀가 되었다고 확신하는 사람은 자신을 더럽히는 죄와 함부로 손잡지 않습니다. 죄를 멀리하고 자신을 지키려는 거룩한 본능을 가지고 있어요. 거룩함

을 지키려고 애쓰다가 잘못했을 때는 하나님 앞에서 회개하면 되지만, 고의적으로 죄와 짝해서 산다면 근본적으로 문제가 있는 사람입니다.

셋째로, 구원받은 이 은혜와 축복을 다른 사람에게 전하려는 마음이 생깁니다. 세상은 죄인으로 가득합니다. 그들은 저주 아래 있습니다. 가만히 내버려 두면 죄짐을 지고 천국 청문회에 서게 될 것입니다. 그런 사람들에게 피할 길이 있다는 이야기만큼 복된 소식이 어디 있습니까? 그러므로 우리는 전하지 않을 수가 없습니다. 이 영광스러운 복음을 아직 모르는 사람들에게 속히 전하는 은혜가 있기를 바랍니다.

자비로우신 하나님 아버지, 하나님으로부터 영원히 버림받은 자와 같은 우리들을 예수 그리스도의 피로 용서하신 은혜에 감사합니다. 우리의 죄는 예수님이 가져가시고, 예수님의 의를 우리에게 옷 입혀 주셔서 감사합니다. 영원토록 하나님 앞에서 의인으로 인정받아 아무도 정죄할 수 없게 해주신 것 감사합니다.

이 놀라운 은혜를 주셨으니 우리에게 기쁨을 주소서. 찬송을 주소서. 거룩한 삶을 살게 해주소서. 우리 주변에 주님을 모르는 사람들이 우리를 통해 하나님 앞으로 나아와 죄를 용서받고, 함께 주님을 찬양하는 거룩한 백성이 되도록 인도해 주소서.

이 시간 죄책감에 짓눌려 있는 사람은 주님의 십자가 앞에 무릎을 꿇고 다시 한 번 죄를 고백하게 하시고, 우리를 대신하여 십자가에 죽으신 주님의 이름을 부르게 해주소서. 주여, 그럴 때 그들의 죄를 씻으시고 영광스러운 하나님의 자녀 되게 하여 주소서. 예수님의 이름으로 기도합니다. 아멘.

1. 하나님은 말씀으로 일주일 만에 뚝딱 세상을 창조하신 분이니 인간의 죄를 해결하는 것도 아주 쉬운 일이다?

2. 내가 지은 죄는 너무나 커서 평생 그에 대한 벌을 받아도 죄책감에서 벗어날 수 없다?

1. 하나님은 공평하고 의로운 분이시기 때문에 인간의 죄를 그냥 눈감아 주실 수 없습니다. 그래서 하나뿐인 아들 예수를 세상에 보내어 대신 죗값을 치르게 하셨습니다.

"우리는 그리스도 안에서 그의 은혜의 풍성함을 따라 그의 피로 말미암아 속량 곧 죄 사함을 받았느니라"(엡 1:7).

2. 예수님의 죽음이 당신의 죄를 영원히 대속했으므로 다시는 하나님이 당신의 죄를 기억하지 않으십니다. 당신 자신도, 어느 누구도 당신을 정죄할 수 없습니다.

"누가 능히 하나님께서 택하신 자들을 고발하리요 의롭다 하신 이는 하나님이시니 누가 정죄하리요…"(롬 8:33-34상).

영광의 기업을 상속받다

너희 마음의 눈을 밝히사 그의 부르심의 소망이 무엇이며
성도 안에서 그 기업의 영광의 풍성함이 무엇이며
_ 에베소서 1장 18절

하나님의 상속자가 되다

예수님을 믿는 우리는 왜 좋습니까? 하나님이 하늘에 속한 모든 신령한 복을 우리에게 주셨기 때문이지요. 앞서 살펴본 하늘에 속한 신령한 복이란 먼저, 하나님의 선택을 받아 거룩한 아들이 된 것입니다. 우리는 보통 사람이 아닙니다. 또한 우리의 모든 죄가 예수님의 피로 깨끗이 해결되었습니다. 인간이 제아무리 발버둥 쳐도 풀 수 없는 죄 문제를 하나님이 해결해 주셨다는 것입니다.

마지막으로 살펴볼 것은 하나님이 우리에게 상속해 주신 영광스러운 기업에 관한 것입니다. '기업'이라는 단어는 에베소서 1장에서 총 세 번 나옵니다.

“우리가 예정을 입어 그 안에서 기업이 되었으니”11절.

“우리 기업의 보증이 되사”14절.

“성도 안에서 그 기업의 영광의 풍성함이 무엇이며”18절.

그러나 11절에서 ‘기업’이 되었다는 말은 ‘선택’을 받았다는 의미로 보는 것이 더 정확합니다. 그러므로 ‘기업’은 사실 14절과 18절, 두 번만 나오는 것입니다. 기업이 무엇입니까? 기업이란 예수 그리스도가 누릴 모든 영광을 말합니다. 하나님이 예수님에게 모든 좋은 것을 다 주셨습니다. 그 좋은 것들을 예수님과 함께 누리는 영광을 ‘기업’이라고 합니다. 예수님이 제자들을 위해 마지막으로 해주신 기도를 기억하십니까?

“아버지여 내게 주신 자도 나 있는 곳에 나와 함께 있어 아버지께서 창세전부터 나를 사랑하시므로 내게 주신 나의 영광을 그들로 보게 하시기를 원하옵나이다”요 17:24.

간단히 말해, 예수님이 하나님 나라에서 누리실 모든 영광을 제자들도 같이 누리게 해달라고 하신 것입니다.

“자녀이면 또한 상속자 곧 하나님의 상속자요 그리스도와 함께한 상속자니 우리가 그와 함께 영광을 받기 위하여 고난도 함께 받아야 할 것이니라"롬 8:17.

우리는 하나님의 자녀인 동시에 하나님의 기업을 상속받을 권한을 가진 자들입니다. 주님과 함께 영광을 누릴 권한 말입니다. 참 대단한 복 아닙니까? 하나님은 우리를 끔찍이 사랑하시는 아버지이기 때문에 예수님이 누리는 좋은 것을 우리에게도 전부 주고 싶어 하십니다. 그리고 이것을 틀림없이 주시겠다고 보증까지 하셨습니다. 그 보증이 바로 성령입니다.

"그 안에서 너희도 진리의 말씀 곧 너희의 구원의 복음을 듣고 그 안에서 또한 믿어 약속의 성령으로 인 치심을 받았으니 이는 우리 기업의 보증이 되사 그 얻으신 것을 속량하시고 그의 영광을 찬송하게 하려 하심이라"엡 1:13-14.

성령님을 우리 기업의 보증이 되게 하셨다는 것입니다. 여기서 '보증'이란 선불, 곧 보증금과 같은 말입니다. 우리가 부동산을 사고팔 때에 보증금을 지급하지 않습니까? '내가 사겠습니다' 하고 보증금을 내고, 이후에 중도금을 지불하고, 마지막으로 잔금을 치릅니다. 보증금은 무엇을 의미합니까? '이미 그 땅은 내 것이다’라는 확인입니다. 우리가 성령님을 마음속에 모신 것, 이것은 하나님께 보증금을 받은 것과 같습니다. 하나님 나라의 기업을 나에게 반드시 주실 것을 보증해 주는 것입니다. 그래서 우리가 이 세상에 살면서 ‘혹시 구원받지 못하는 것은 아닐까?’, ‘그 영광스러운 기업을 얻지 못하는 것은 아닐까?’ 하고 두려워할 필요가 없어요. 하나님은 성령님을 통해 영광스러운 기업에 대해 확실히 보증하셨습니다.

그렇다면 ‘영광스러운 기업’이란 구체적으로 무엇입니까? 구체적으로 알아야 기뻐하고, 믿지 않는 사람들에게 자신 있게 말할 수 있지 않겠습니까? 크게 네 가지로 요약할 수 있어요. 첫째는 천국, 곧 하나님 나라입니다. 둘째는 영화, 곧 영원히 썩지 않을 새 몸을 입는 것입니다. 셋째는 상급이요, 넷째는 복락입니다. 이 네 가지가 바로 예수 그리스도와 함께 누릴 영광의 기업, 곧 하나님 아버지가 자녀인 우리에게 상속해 주시는 하늘의 복입니다.

첫 번째 기업, 하나님 나라

오늘날 세상이 어떻습니까? 우리는 자신이 편안하게 살면 세상을 좋게 보는 경향이 있습니다. 내가 당하지 않은 어려움이나 고통은 별로 크게 와 닿지 않습니다. 자연히 밝은 쪽, 좋은 쪽만 보다 보니 세상이 점점 더 살기 좋고 발전한다고 생각할지도 모릅니다. 그러나 하나님은 세상을 보며 탄식하십니다.

"여호와께서 사람의 죄악이 세상에 가득함과 그의 마음으로 생각하는 모든 계획이 항상 악할 뿐임을 보시고 땅 위에 사람 지으셨음을 한탄하사 마음에 근심하시고"창 6:5-6.

창세기부터 이어진 하나님의 탄식은 오늘도 계속되고 있습니다. 여전히 세상은 타락하여 죄를 범하는 인간으로 가득하기 때문입니다. 우리는 이 사실을 솔직하게 인정해야 합니다. 아무리 긍정적이고 낙천적인 사람이라도 현실을 왜곡할 수는 없습니다. 조금만 눈을 크게 뜨고 눈높이를 낮추어서 그늘진 세상을 한번 보십시오. 이 세상이 얼마나 악하고 비참합니까?

음란하고 포악하고, 가진 자들이 끝없는 욕심으로 횡포를 부립니다. 지도자들의 위선과 거짓은 낯부끄러운 줄 모르고 계속되며, 날이 갈수록 더 끔찍한 범죄가 일어납니다. 지금도 세계 도처에서는 굶주리고 탄압받는 사람들이 신음하고 있습니다. 수많은 사람들이 기본적인 생존권도 보호받지 못하고, 행복을 추구할 권리 같은 건 아예 꿈도 못 꾸고 살아갑니다. GNP가 몇 만 불이 되어도 이 세상은 하나님 앞에 소망이 없습니다. 이것이 현실입니다.

그런데도 사탄은 광야에서 예수님을 시험하듯이 우리들을 속이려 합니다. 사탄은 굶주린 예수님을 불러 놓고 이 세상의 온갖 영광을 보여 주면서 말했습니다. "이것이 진짜다. 이것이 인생의 궁극적인 목표요, 이상이다. 내게 절하라. 그러면 이 세상의 모든 영광을 너에게 주마." 오늘날에도 사탄은 이 세상의 화려한 영광으로 사람들의 눈을 가리고 죽음의 길로 끌고 갑니다. 세기에 한 명 나올까 말까 한 천재를 사로잡아 그를 통해 하나님을 부정하는 사상을 세상에 심어 놓습니다.

지난 150년 사이에 가장 성공한 사탄의 도구는 다윈의 진화론입니다. 그 논리는 간단합니다. 모든 만물이 진화하고 있다는 것이지요. 그 밑바탕에는 '사람은 본래 선하다. 노력한다면 사람은 점점 더 선해지고 세상도 점점 좋아져서 유토피아가 올 것이다'라는 사상이 깔려 있습니다. 이것이 정치, 과학, 경제, 교육 등 얼마나 많은 분야에 영향을 끼치고 밑거름이 되었는지 모릅니다.

진화론이 정치에 영향을 미치니까 공산주의 같은 혁명 정치가 가능하지 않았습니까? 교육에 영향을 미치니까 실용주의 교육을 끌어들여 학생들의 마음에서 하나님의 말씀을 깡그리 잊어버리게 하지 않았어요? 과학자들의 마음에 파고드니까 그들이 과학만능주의에 빠져 과학으로 유토피아를 만들 수 있다고 기고만장합니다. 이렇게 세상에 소망을 두게 하니까 쾌락주의로 인간의 행복을 찾으려는 무수한 젊은이들이 일어난 것 아닙니까?

이러한 지상낙원의 환상을 요즘 말로 바꾸면 '에스컬레이터 신화'라고 합니다. 밑에서 위로 계속 올라가기만 하는 에스컬레이터처럼 이 세상은 점점 더 좋아진다는 것입니다. 그래서 사람들의 마음과 생각에서 하나님 나라를 철저하게 배제하고 이 세상의 것만 추구하며 살게 합니다.

그러나 지성인의 양심으로 한번 대답해 보세요. 인간이 정말 선해지고 있습니까? 이 세상은 점점 지상낙원, 유토피아로 바뀌고 있나요? 정말로 세상이 좋아져서 하나님 나라가 필요 없습니까? 그런 말에 속아서 끌려 다니지 맙시다. 하나님은 사랑하는 자녀들에게 이렇게 악하고 믿을 수 없는 비참한 나라를 기업으로 주시지 않습니다.

하나님은 창세전부터 계획하신 대로 하나님의 나라를 우리에게 주시려고 지금까지 쉬지 않고 일하고 계십니다. 아브라함을 선택하시고, 그와 언약을 맺으셨습니다. 아브라함의 후손인

이스라엘 백성들을 통해 예수 그리스도가 이 세상에 오실 길을 닦으셨습니다. 그리고 마침내 예수님이 세상에 오셔서 우리의 죄를 대신 지고 십자가에서 죽으시고 부활하셨습니다. 이로써 우리가 구원을 받고 하나님의 영광, 하나님의 나라를 상속할 수 있는 길이 열렸습니다. 그리고 하나님은 성령을 보내셔서 우리의 마음을 감동시켜 예수님을 믿고 하나님의 자녀가 되게 하셨습니다.

지금도 하나님은 세계 도처에 하나님을 믿는 거룩한 백성들을 통해 교회를 세우시며, 구원의 복음을 전하십니다. 세계 역사 속에서 수많은 국가나 문명이 나타났다가 소멸하였지만 하나님 나라의 계획은 태초부터 지금까지 계속 진행되고 있습니다. 그 계획의 마지막은 어떻게 될까요?

"하늘에 있는 것이나 땅에 있는 것이 다 그리스도 안에서 통일되게 하려 하심이라"엡 1:10.

하늘도, 땅도 예수님 안에서 새롭게 되는 하나님의 나라가 완성되는 것입니다. 하나님이 이 일을 위해 지금도 교회를 통해 역사하고 계십니다. 우리를 통해 이 계획을 완성해 가고 계십니다.

그 나라가 얼마나 황홀할까요? 이사야가 보았던 환상처럼 사막이 변해서 낙원이 됩니다. 사자들이 어린 양과 함께 뒹구는 평화와 즐거움이 있을 것입니다. 그 나라는 해함도 없어요. 거짓도 없어요. 오직 기쁨과 참사랑과 찬양만 있는 그 나라를 하나님이 우리에게 기업으로 주십니다. 할렐루야! 그러므로 하나님은 세상 나라의 영광에 눈을 돌리지 말라고 경고하십니다.

"너희는 먼저 그의 나라와 그의 의를 구하라" 마 6:33.

여기서 '구하라'는 말은 헬라어로 '제테인' zhtei'n이라고 하는데, 목표를 설정하고 그것을 얻기 위해 전심전력을 다하는 것을 말합니다. 하나님 나라를 얻기 위해 세상을 곁눈질하지 말고 전심전력을 다하라는 말씀입니다.

둘째 기업, 영화롭게 됨

하나님이 우리에게 주신 또 다른 기업은 우리 몸이 영화롭게 되는 것입니다. 부활하신 예수님의 몸처럼 신령한 몸으로 바뀌는 것입니다. 그 몸은 시간과 공간의 제약을 전혀 받지 않는 몸이었습니다. 주님은 우리도 나중에 그런 몸으로 바뀐다고 말씀하셨습니다.

"또 미리 정하신 그들을 또한 부르시고 부르신 그들을 또한 의롭다 하시고 의롭다 하신 그들을 또한 영화롭게 하셨느니라"롬 8:30.

예수님을 믿고 죄 사함 받은 우리의 몸을 완전히 바꾸어서 예수님의 신령한 몸을 입게 하신다는 말입니다.

"이 썩을 것이 반드시 썩지 아니할 것을 입겠고 이 죽을 것이 죽지 아니함을 입으리로다"고전 15:53.

이런 우스갯소리도 있지 않습니까? 40대가 되면 잘난 인물이든 못난 인물이든 외모가 평준화된다고 합니다. 아무리 관리해 봐야 소용없어요. 50대가 되면 지식이 평준화된다고 합니다. 젊을 때는 어느 학교 나왔다, 무슨 학위를 땄다 요란을 떨지만 50이 넘으면 학벌이고 뭐고 별 의미가 없어지지요. 60대가 되면 건강이 평준화됩니다. 50대까지는 거뜬히 산을 오르던 사람도 60대 중반이 넘으면 "아이고, 못 가겠다" 하고 주저앉습니다. 이제 70대가 되면 재물의 평준화가 이루어집니다. 돈이 좀 있어도 그만, 없어도 그만이래요. 많이 갖고 있어 봤자 별 의미가 없으니까 세상에 자기 이름이라도 남기려고 몇 백억씩 기부도 하고 그러잖아요. 80대가 되면 죽음의 평준화가 이루어진대요. 언제 본향으로 돌아갈지 모르는 대기 인생이 된다 그 말입니다.

늙고 병들어 죽을 몸을 가지고 행복하면 얼마나 행복하겠습니까? 그 행복이 가면 얼마나 오래 가겠습니까? 이렇게 아무것도 아닌 것에 하나님이 무슨 복을 주시겠습니까? 하나님은 사람의 육체가 덧없고 헛된 것을 너무도 잘 아시기 때문에 우리에게 새 몸을 주시겠다고 약속하셨습니다. 하나님이 주신 새 몸은 죽지 않는 영원한 몸입니다.

"그들은 다시 죽을 수도 없나니 이는 천사와 동등이요 부활의 자녀로서 하나님의 자녀임이라"눅 20:36.

셋째 기업, 상급

예수님은 우리를 위한 상을 준비하고 계십니다. 성경은 그 상에 대해 자주 언급합니다.

"보라 내가 속히 오리니 내가 줄 상이 내게 있어 각 사람에게 그가 행한 대로 갚아 주리라"_{계 22:12}.

성경을 살펴보면 생명나무 과실, 주인의 즐거움에 참여하는 것, 생명의 면류관, 감추었던 만나, 흰 돌 위에 새겨진 새 이름, 만국을 다스리는 권세, 새벽별, 흰옷, 이름을 알아주는 명예, 새 예루살렘의 이름, 보좌에 예수님과 함께 앉는 것 등으로 언급되는데, 그 실체는 신비에 가려져 있습니다.

그 상이 어떤 것인지, 얼마나 좋은 것인지, 또 누가 받고 누가 못 받을지는 구체적으로 알 수 없습니다. 또 상을 받는 사람이 천국에서 어떤 특권을 누리는지, 상을 받는 사람과 상을 받지 못한 사람은 어떤 차이가 나는지도 정확히 잘 모릅니다. 그러나 분명한 것은 주님이 우리에게 상에 대해 여러 번 강조하셨다는 사실입니다.

하나님 나라에는 주님의 특별한 상급을 받는 사람들이 분명히 있습니다. 또한 이것을 믿기에 이 상급을 바라보고 세상에서 남다르게 사는 사람들이 있지 않습니까?

"믿음이 없이는 하나님을 기쁘시게 하지 못하나니 하나님께 나아가는 자는 반드시 그가 계신 것과 또한 그가 자기를 찾는 자들에게 상 주시는 이심을 믿어야 할지니라"_{히 11:6}.

분명 믿음의 삶을 사는 사람에게 주어지는 상이 있습니다.

예전에 연변과학기술대학 10주년 행사에 참석한 적이 있습니다. 그런데 그 가운데 제 마음을 가장 찡하게 만들었던 것은 그곳 교수님들의 모습이었습니다. 미국에서 박사학위를 받고 마음만 먹으면 어느 누구 못지않게 대우 받고 누리며 살 수 있는 분들인데, 다 내팽개치고 그 연변 연길 시에 와서 박봉으로 생활하고 있었습니다.

겨울이 되면 영하 35도까지 떨어지는 매서운 추위와 싸우고, 종종 새어나오는 연탄가스 때문에 기관지를 다치기도 하고, 황톳물이 그냥 쏟아지는 수돗물을 받아 마시는 어려움을 겪으면서도 그곳에서 10년을 한결같이 충성한 교수님들이 열 분도 더 되었습니다.

내로라할 만한 분들이 그 고생을 하면서 10년 동안 일구어 놓은 열매들을 보고 얼마나 감동을 받았는지 모릅니다. 왜 그 분들이 그렇게 고생을 마다 않고 삽니까? 무얼 바라보며 사는 겁니까? 천국을 바라보며 사는 거예요. 하나님 나라에서 받을 상이 있다는 것을 믿기 때문이지요. 그러니 세상에서 누릴 수 있는 안락한 삶을 포기하고 자기 몸을 던져 헌신할 수 있는 것입니다. 하나님이 그런 자녀를 위해 준비한 상이 반드시 있습니다.

넷째 기업, 복락

넷째로 주님이 주시는 기업은 복락입니다. 복락이란 하나님 나라에서 영원토록 누리게 될 모든 행복을 가리킵니다. 천국에 들어가면 우리는 어떻게 될까요? 어거스틴은 이렇게 표현했습니다.

"천국에 들어가면 우리는 쉬고, 또 쉬면서 보고, 보면서 사랑하고, 사랑하면서 찬송할 것이다."

재미있는 말입니다. 천국에는 '쉼'이 있습니다. 일하는 사람들에게 쉼이란 얼마나 매력적인 단어입니까? 하나님도 쉼에 대해 많이 말씀하셨습니다.

"주 안에서 죽는 자들은 복이 있도다 하시매 성령이 이르시되 그러하다 그들이 수고를 그치고 쉬리니"계 14:13.

천국에서 우리는 쉽니다. 그러면서 하나님을, 예수님을, 천국에 있는 모든 영화로운 것을 봅니다. 보면서 사랑합니다. 또 사랑하면서 찬양합니다. 천국에서 누리는 가장 큰 행복은 하나님을 찬양하고 경배하는 것입니다. 그곳에서 하나님은 우리와 함께 계십니다.

"하나님이 그들과 함께 계시리니 그들은 하나님의 백성이 되고 하나님은 친히 그들과 함께 계셔서 모든 눈물을 그 눈에서 닦아 주시니 다시는 사망이 없고 애통하는 것이나 곡하는 것이나 아픈 것이 다시 있지 아니하리니 처음 것들이 다 지나갔음이러라"계 21:3-4.

눈에서 눈물을 닦아 주시는 하나님의 따뜻한 손길이 느껴집니까? 세상에서 우리를 불행하게 만들던 근본적인 죄악이 사라지고 인간의 가장 큰 기쁨인 하나님과의 교제를 즐기며 영원히 행복한 것, 이것이 하늘에 속한 복입니다.

제가 모시던 참 훌륭한 목사님이 안타깝게도 40대 후반에 세상을 떠나셨습니다. 사모님이 슬픔에 못 이겨 잠도 제대로 자지 못하고 무척 고통스러워하셨지요. 그런데 어느 날 꿈에 목사님이 나타나서 사모님께 말했습니다. "여보, 슬퍼하지 마. 너무 좋아. 정말 너무나 좋아." 그 말을 듣고 사모님이 기운을 차리고 일어났습니다. 하나님이 주시는 복락은 그렇게 좋은 것입니다. 이런 복음성가도 있지 않습니까?

저 하늘에는 눈물이 없네. 거기는 슬픔도 없네.

저 하늘에는 눈물이 없네. 거기는 승리만 있네.
고통은 모두 다 사라져 버리고 영광만 가득 차겠네.
우리의 주님과 함께 있을 때는 영원한 기쁨 있겠네.

– 로버트 아놀트Robert S. Arnold 작시

참 기가 막히게 좋습니다. 이런 복락이 지금 우리 앞에 기다리고 있어요. 그런데 세상 사람들에게 이런 하늘의 복이 있노라고 이야기하면 왠지 어색해하거나 듣기를 꺼려합니다. 잘 모르니까, 생소하니까 그렇겠지요. 믿는 우리도 그럴 수 있습니다. 하늘의 복이 어떤 것인지 잘 모르면 세상 사람들과 다를 바 없이 살게 됩니다. 그래서 사도 바울이 이렇게 기도하지 않습니까?

"너희 마음의 눈을 밝히사 그의 부르심의 소망이 무엇이며 성도 안에서 그 기업의 영광의 풍성함이 무엇이며 그의 힘의 위력으로 역사하심을 따라 믿는 우리에게 베푸신 능력의 지극히 크심이 어떠한 것을 너희로 알게 하시기를 구하노라"엡 1:18-19.

하나님이 우리에게 주신 영광의 기업이 얼마나 좋은 복인지 깨닫기 바랍니다.

약속의 땅을 보라

모세는 이스라엘의 고된 광야행진을 40년이나 이끌었던 위대한 지도자입니다. 그는 하나님이 약속하신 땅, 젖과 꿀이 흐르는 그 땅에 백성들과 함께 들어가고 싶어서 간절히 하나님 앞에 구했습니다. 그러나 하나님은 허락하지 않으셨지요. "너는 그 땅에 들어가지 못한다. 네가 받은 은혜가 족하다." 그런데 어느 날, 마음이 잔뜩 상해 있는 모세를 하나님이 부르셨습니다.

"모세야, 저기 보이는 느보 산으로 올라오너라. 내가 산꼭대기에서 너를 세우고 네 백성이 들어갈 아름다운 땅을 샅샅이 들여다볼 수 있게 해주마." 모세가 느보 산에 올라가자 하나님은 모세의 눈을 밝혀 브엘세바부터 헐몬 산까지, 지중해부터 유프라테스 강까지 하나님이 주시려는 땅을 구석구석 볼 수 있게 해주셨습니다. 그것을 본 모세는 얼마나 황홀했을까요…!

언제인가 친일파 명단이 발표되었을 때, 우리가 존경하던 지도자들이 그 명단에 들어 있는 것을 보고 얼마나 충격을 받았습니까? 그런데 저는 이런 생각도 들었습니다. '일본이 그렇게 빨리 망할 줄, 대한민국이 그렇게 빨리 독립될 줄 그들이 알았더라면 친일파가 되지 않았을 텐데….' 옥에 끌려가고, 고생하고, 가지고 있던 명예와 권세를 다 빼앗기는 한이 있더라도 참았을 것입니다. 오히려 좌절하는 사람들에게 "곧 독립합니다. 좋은 날이 반드시 옵니다"라며 그들을 격려하지 않았겠어요? 그런데 일본의 패망과 우리의 독립이 그렇게 빨리 올 줄 몰랐기에 타협을 하고 만 것입니다.

오늘 세상을 사는 우리도 마찬가지입니다. 하나님이 약속하신 하늘에 속한 신령한 복이 우리의 현실로 드러나는 날은 생각보다 빨리 옵니다. 영원히 그날이 오지 않을 것처럼 세상과 벗하여 살겠습니까? 아니면 낙심한 자들을 격려하고, 이 복음을 알지 못하는 사람들에게 전하며 그날을 기다리겠습니까?

날마다 믿음으로 느보 산에 오르십시오. 그 산꼭대기에 서서 말씀을 들고 구석구석 살피면서 하나님이 내게 주시려는 영광스러운 기업을 바라보세요. 이렇게 영광스러운 복이 눈앞에 있음을 기억할 때, 세상이 아무리 힘들고 어려워도 이길 수 있습니다. 쓰러질 때도 있겠지만 다시 일어날 수 있습니다. 그곳에서 하나님의 약속을 기억하고 기대하면서 꿋꿋이 세상을 살아갈 힘을 얻으시기 바랍니다.

성령님, 느보 산에 올라 가나안 땅을 보았던 모세처럼 이 시간 우리의 눈을 열어 주셔서 하나님이 우리에게 약속하신 영광스러운 기업을 보게 해주소서. 우리는 거짓된 세상 영광에 마음이 어두워지고 눈이 가려질 때가 많음을 고백합니다. 주여, 사탄에게 속지 말게 하시고, 세상 영광에 속지 말게 하시고, 하나님이 약속하신 이 영광의 기업을 내다보면서 하루하루 성실하게 살게 하소서. 예수님의 이름으로 기도합니다. 아멘.

1. 하나님의 자녀라면 물질의 축복을 받고 건강하게 장수하고 어떤 어려움도 비켜 가며 두루두루 잘된다?

2. 하나님을 열심히 따르는 사람들에겐 고난과 핍박과 죽음만이 기다리고 있다?

1. 하나님의 자녀들은 믿음 때문에 고난을 받기도 하고 이유를 알 수 없는 고통을 당하기도 합니다. 그러나 세상에서 겪는 일시적인 고난은 우리의 믿음을 단련시키고 앞으로 주어질 영원한 하늘 영광을 바라보게 합니다.

"자녀이면 또한 상속자 곧 하나님의 상속자요 그리스도와 함께한 상속자니 우리가 그와 함께 영광을 받기 위하여 고난도 함께 받아야 할 것이니라"(롬 8:17).

2. 하나님은 당신을 위해 영광스러운 기업을 준비하셨습니다. 당신은 예수님이 하늘에서 누리실 모든 영광을 함께 누릴 것입니다.

"아버지여 내게 주신 자도 나 있는 곳에 나와 함께 있어 아버지께서 창세전부터 나를 사랑하시므로 내게 주신 나의 영광을 그들로 보게 하시기를 원하옵나이다"(요 17:24).

제2부

누리는 삶

1장 하나님의 사랑을 알다

하나님의 사랑은 에로스가 아니라 아가페입니다.
그래서 자로 재듯 성경을 배우고 연구하고 실천하는 사람만이
그 사랑을 느끼고 경험할 수 있습니다.

2장 그리스도인의 자의식을 갖다

그리스도인의 자의식은 '내가 거룩해져야지' 가 아니라
'나는 거룩하다' 에서 출발합니다.

3장 은혜와 평강 안에 거하다

교회 안에도 가난뱅이와 부자가 있습니다.
구원의 감격을 모르는 사람은 영적 가난뱅이요,
구원의 감격이 충만한 사람은 영적 부자입니다.

4장 작은 예수로 살다

'완전한 자' 란 완벽한 인간을 말하는 것이 아닙니다.
삶의 구석구석에 예수님을 닮아 가는 모습이 있다면,
그 사람이 완전한 자, 곧 작은 예수입니다.

하나님의 사랑을 알다

너희가 사랑 가운데서 뿌리가 박히고 터가 굳어져서

능히 모든 성도와 함께 지식에 넘치는 그리스도의 사랑을 알고

그 너비와 길이와 높이와 깊이가 어떠함을 깨달아 …

_ 에베소서 3장 17-19절상

그 사랑을 아는가?

얼마 전 무거운 마음으로 아침 일찍 예배당을 찾은 적이 있습니다. 저 자신의 개인적인 문제로 마음이 무겁기도 했지만, 제가 아는 성도들 가운데 병으로 고통하는 분들, 또 인생의 여러 문제로 씨름하는 가정들을 떠올리면서 몹시 마음이 무거웠습니다. 그래서 조용히 앉아 있다가 고개를 들어보니 강단 앞에 "하나님은 사랑이시다"라는 말씀이 눈에 들어왔습니다.

새벽 여명에 희미하게 비치는 그 말씀을 바라보면서 '하나님이 나를 사랑하시는데, 하나님이 나를 아주 사랑하심이 틀림없는데, 왜 그 사랑이 내 마음의 짐을 덜어주는 데 아무런 효력이 없을까?' 하는 생각을 나도 모르게 했습니다. '하나님이 정말 나를 사랑하신다면 근심이 아무리 내 마음을 짓눌러도 어느 순간 새털처럼 가벼워지는 그런 느낌이 있어야 하는 것 아닐까? 내 기분이 좋지 않아도 그 사랑을 생각하면 금방 힘이 솟고 기쁨이 넘쳐야 하는데, 나는 왜 그러지 못할까?' 이런 생각이 제 마음에 계속 맴돌았습니다.

요한일서 2장 15절을 보면 세상을 사랑하는 자는 그 마음에 하나님의 사랑이 머물지 못한다고 했는데, '내가 세상을 너무 사랑하기 때문에 하나님의 사랑이 내 마음속에 설 자리를 잃어버린 것일까?' 그런 생각도 해봤습니다. 그러나 저는 감히 말할 수 있어요. 저는 세상을 사랑하지 않아요. '그렇다면 왜 그럴까…?'

다들 이런 고민을 한번쯤 해보셨을 것입니다. 하나님이 나를 사랑하신다는 사실이 나의 어떤 생각이나 감성이나 의지에 전혀 영향을 미치지 못하는 것 같고, 단순히 머릿속에 떠도는 사상에 불과하다는 느낌이 들 때가 있습니다.

성경을 보면 하나님이 우리를 사랑하신다는 사실이 얼마나 화려한 수사로 언급됩니까? 예레미야는 큰 소리로 이렇게 선언합니다. "우리를 향한 하나님의 사랑은 무궁한 사랑이다." 한이 없고 끝이 없는 사랑이라는 말이지요. 요한은 또 뭐라고 말합니까? "하나님은 우리를 사랑하시되 끝까지 사랑하신다"
고 말합니다. 중간에 끊어지지 않아요. 한번 사랑하면 끝까지
가는 거예요. 사도 바울의 표현은 더 강렬합니다. 하나님의 사
랑은, 우리를 향한 그의 사랑은 '죽기까지 사랑하는' 사랑이
라고 했습니다. "나를 사랑하사 나를 위하여 자기 몸을 버리시
기까지 사랑하신 사랑"이기 때문에 이 사랑을 끊을 자가 없다
고 단언합니다.

그럼에도 불구하고 그 사랑에 대한 우리의 마음이 미지근하
고 별 반응이 없다면, 어딘가 모르게 영적으로 심각한 문제가
있다는 생각이 듭니다. 한번 생각해 보세요. 하나님은 전 우주
에 한 분뿐인 신이시며, 천지만물을 창조하신 가장 권세 있는
존재입니다. 예수님은 하늘과 땅의 모든 권세를 다 가진 분이
요, 모두 그 발 앞에 엎드려 찬송해야 할 영광의 주, 승리의 구
원자이십니다. 그런 분이 지금 나를 사랑하신다고 하십니다.

이런 하나님의 사랑에 우리 마음이 열리기만 한다면, 내 마
음에 그 어떤 고통이 있어도 자유로울 수 있는 은혜가 있을 텐
데…. 그러나 부끄럽게도 저 자신에게는 한동안 그런 감동이
없었습니다. 아마 에베소 교회 성도들도 비슷한 문제를 안고
있었나 봅니다. 그래서 로마 감옥에 갇혀 있던 바울이 에베소
성도들을 생각하면서 이런 기도를 했습니다. 그저 덤덤한 마음

으로 의자에 앉아서 조용히 드리는 기도가 아니라, 너무나 안타깝고 걱정스럽고 답답해서 차가운 감옥 바닥에 무릎을 꿇고 머리를 조아리고 하나님 앞에 올리는 기도입니다.

"하나님 아버지시여, 하나님 아버지시여, 믿음으로 말미암아 예수 그리스도께서 그들의 마음속에 거하게 하시고, 그들이 사랑 가운데 뿌리가 박히고 터가 굳어져서 능히 모든 성도와 함께 지식에 넘치는 하나님의 사랑을 알게 해주옵소서. 그 사랑의 너비와 길이와 높이와 깊이가 어떠함을 깨닫게 해주옵소서. 그리하여 하나님의 충만한 사랑에 이르도록 아버지여 에베소의 성도들을 끌어올려 주시옵소서."

에베소 교회 성도들도 머리로는 하나님의 사랑을 아는데 마음으로 진짜 아느냐고 물으면 자신 있게 대답을 못하는 부분이 있었나 봅니다. 오늘 우리도 똑같은 문제를 안고 있다면, 하나님 앞에 기도하면서 이 말씀에 마음을 열기 바랍니다.

사랑의 터를 다지라

우리도 바울의 기도처럼 하나님의 사랑에 뿌리를 내려야 합니다. 그 사랑의 토양에 내 마음의 뿌리를 박고, 그 토양에 있는 자양분을 다 빨아들여야 합니다. 하나님의 사랑에 나의 뿌리를 둘 때 우리는 활기를 얻습니다. 모든 것에 만족할 수 있는 은혜를 받게 됩니다. 그래서 보는 눈이 달라지고, 생각하는 것이 달라집니다. 말이 달라지고, 태도가 달라집니다. 하나님의 사랑이 우리를 이렇게 변화시킵니다. 엄청난 능력이 그 속에 있습니다.

저는 그간 제자훈련을 인도하면서 이 말씀이 진리라는 것을 여러 번 체험했습니다. 제자훈련의 성패 여부는 훈련생이 얼마나 하나님의 사랑을 알고, 그 사랑에 깊이 감동을 받았는가에 달려 있습니다. 예수님이 수제자 베드로에게 마지막으로 물으신 질문도 이것 아닙니까?

"요한의 아들 시몬아 네가 이 사람들보다 나를 더 사랑하느냐"요 21:15.

예수님의 사랑에 대한 감격이 있는 사람, 그 사랑에 붙들려 사는 사람은 성경지식이 좀 부족해도 괜찮습니다. 신앙생활 한 지 몇 년 되지 않아도 예수님의 사랑만 확실히 알면 삶이 바뀝니다. 오래 믿은 사람이 하지 못한 일을 순식간에 해치우기도 합니다.

'휴, 나도 신앙생활 잘하고 싶기는 한데 아무리 애를 써도 나아지지 않아' 라고 생각하신다면 답을 드리겠습니다. 아직 하나님의 사랑을 아는 수준이 너무 미미하기 때문입니다. 신앙생활을 하면서도 기쁨과 활기가 없고, 하나님의 은혜에 대한 감격과 감사가 없다면 이유는 한 가지예요. 아직 내 마음에 하나님의 사랑이 채워지지 않아서입니다.

그러면 우리가 그 사랑을 어떻게 받아들일 수 있을까요? 어떻게 그 사랑으로 충만히 채울 수 있을까요?

"그 너비와 길이와 높이와 깊이가 어떠함을 깨달아 하나님의 모든 충만하신 것으로 너희에게 충만하게 하시기를 구하노라"엡 3:19.

'깨달아' 라는 말은 '자로 잰다' 는 의미입니다. 하나님의 사랑을 알려면 자로 재어 보아야 합니다. 그 사랑의 너비가 얼마나 되는지, 그 다음에는 길이가 얼마나 되는지, 그 다음에는 높이가 얼마나 되는지, 마지막으로 깊이가 얼마나 되는지 자로 재어 보십시오.

구약 성경을 보면 하나님은 에스겔 선지자에게, 포로로 끌려간 이스라엘 백성들을 위로하고 그들에게 소망을 심어 주도록 큰 이상을 보여 주셨습니다. 에스겔은 환상 중에 천사의 인도를 받아 예루살렘 성전으로 갑니다. 그곳에는 포로로 잡혀갈 때 훼파되었던 예루살렘 성전이 아니라 새 예루살렘 성전이 너무나 아름답게 지어져 있었습니다. 천사가 그를 데리고 다니면서 성전의 크기를 하나하나 재어 봅니다. 고가 얼마, 폭이 얼마, 기장이 얼마, 이런 식으로 측량을 해서 에스겔에게 기록하게 합니다.

눈대중으로 대충 어림짐작하는 것과 실제로 측량하는 것은 엄청난 차이가 있지요. 하나하나 꼼꼼하게 살피고 재어보고 확인하다 보면 그 건물이 얼마나 정교하고 아름답게 지어졌는지 더 깊이 감탄하게 됩니다. 그렇게 하나님의 사랑도 자로 재듯 연구하고, 배우고, 검토하는 사람이 먼저 깨달아 알게 됩니다.

"아니, 목사님, 사랑을 어떻게 자로 재요? 사랑은 직관적인 거잖아요. 그냥 딱 보면 느껴지는 건데, 머리로 따지고 생각하면 더 복잡해져요." 이렇게 반문하는 분들이 있습니까? 하나님의 사랑을 이성 간의 사랑과 혼동하면 안 됩니다. 하나님의 사랑은 에로스가 아닙니다. 미인을 보면 마음이 저절로 달아오르는 그런 사랑이 아니에요. 남자가 여자를 보면 끌리는 그런 사랑이 아니란 말이죠.

하나님의 사랑은 아가페입니다. 아가페 사랑은 자로 재듯 성경을 읽고, 듣고, 배우고, 연구하지 않고서는 접근할 수가 없습니다. 하나님의 사랑을 배우는 학습 장소는 골고다 언덕이요, 학습 자료는 예수 그리스도의 십자가입니다. 십자가는 하나님이 자기 사랑을 확증하신 증거입니다.

"우리가 아직 죄인 되었을 때에 그리스도께서 우리를 위하여 죽으심으로 하나님께서 우리에 대한 자기의 사랑을 확증하셨느니라"
롬 5:8.

4차원의 사랑을 알다

하나님의 사랑의 너비를 재고 싶습니까? 십자가 앞으로 가십시오. 하나님의 사랑의 길이를 알고 싶습니까? 십자가가 가르쳐 줄 것입니다. 하나님의 사랑이 얼마나 높을까요? 십자가를 바라보세요. 하나님의 사랑이 얼마나 깊을까요? 십자가 아래 엎드려 보시기 바랍니다.

하나님은 세상 모든 사람을 빠짐없이 다 사랑할 수 있는 넓은 품을 가지셨습니다. 어떤 죄인도 다 품어 주실 수 있는 넉넉한 품, 이것이 하나님의 사랑의 너비입니다. 그렇다고 해서 한 사람 한 사람 사랑을 쪼개어 주느라고 부족할까요? 아닙니다. 우리 하나님은 모든 사람을 다 사랑하시되 각 사람이 충만할 만큼 쏟아 부어주실 능력이 있는 분이십니다.

그 사랑의 길이는 또 어떻습니까? 십자가에서 확증하신 그 사랑은 우리의 과거와 현재와 미래를 초월하여 영원히 지속됩니다. 우리가 이전에 지은 죄를 영원히 기억하지 않으시며, 이후의 죄 때문에 또 다른 십자가가 필요 없을 만큼 그 사랑은 영원을 가로질러 존재합니다. 그 사랑은 영원토록 끊어지지 않고 계속됩니다.

혹 내가 죄를 범해도 그 사랑은 끊어지지 않습니다. 우리가 하나님의 자녀답게 죄짓지 않고 살려고 노력은 합니다만 그래도 종종 죄의 유혹을 받고 넘어지기도 하잖아요? 생각으로 죄를 짓기도 하고, 나도 모르게 말로 남을 해치기도 합니다. 또 어떤 때는 반복되는 죄의 사슬에 매여 주저앉아 버릴 때도 있어요. '하나님이 과연 나 같은 것을 사랑해 주실까? 이렇게 구제불능인데….' 하고 허탈감에 빠지게 되지요. 그럴 때에도 하나님의 사랑은 절대로 끊어지는 법이 없습니다. 내가 실수해서 사람들에게 비아냥거림을 당하고 "저게 인간이냐?" 하고 욕을 먹을 만큼 처참한 지경에 처한다 해도 하나님의 사랑은 변하지 않습니다. 여전히 나를 사랑하시는 하나님이 그 자리에 나와 함께 계셔서 그 고통을 함께 받으십니다.

그뿐 아니라 그 사랑이 얼마나 높은지 우리를 하늘에 앉히셨다고 합니다.

"긍휼이 풍성하신 하나님이 우리를 사랑하신 그 큰 사랑을 인하여 허물로 죽은 우리를 그리스도와 함께 살리셨고…또 함께 일으키사 그리스도 예수 안에서 함께 하늘에 앉히시니"엡 2:4-6.

죄인인 우리를 하나님이 앉으신 하늘 보좌에까지 끌어올리신 사랑입니다. 비천한 우리를 높이 올려서 예수님과 똑같은 모습으로 바꿔 놓기를 원하시는 사랑입니다. 지금은 우리가 다 제각각입니다만 주님이 우리를 불러 하나님 나라로 들이시면 우리는 모두 예수님의 형상을 닮게 됩니다.

그뿐 아닙니다. 승리하신 주님이 하나님 나라에서 우리를 자기 우편에 앉히신다고 말씀하십니다. 사랑하는 사람들 사이에는 좋은 것이 있으면 함께 누리고 싶어 하잖아요? 남자에게 명예가 있으면 자기가 사랑하는 여인과 그 명예를 나누기를 원하겠죠? 남자에게 재산이 있다면 그 재산은 그가 사랑하는 사람의 재산일 수도 있어요. 모든 좋은 것, 아름다운 것을 다 함께 하기 원하는 게 사랑하는 사이 아닙니까? 우리 예수님도 마찬가지예요. 하나님으로부터 받아 누리는 모든 권세와 영광을 우리와 함께 나누기를 원하십니다. 그런 수준에까지 우리를 끌어올리기 원하시는 사랑이 하나님의 사랑의 높이입니다. 얼마나 대단합니까?

또, 그 사랑의 깊이는 얼마나 깊을까요? 죽음의 바다 깊은 곳에 숨은 사람도 건져 올릴 수 있을 만큼 깊습니다. 흑암이 아무리 깊을지라도 십자가의 빛이 뚫고 들어가지 못할 만큼 어둡지는 않습니다. 어떻게 그렇게 자신 있게 말할 수 있나요? 예수님이 우리를 위해 하늘 보좌를 버리고 인간의 몸을 입고 이 세상에 내려오셨으니까요. 그것으로 모자라서 우리의 모든 죄를 짊어지고 비참한 죄수의 자리에까지 내려가셨으니까요. 우리를 위해 내려갈 수 있는 데까지 내려가신 것이 그 사랑의 깊이입니다.

이렇게 하나하나 말씀을 파고들어가 하나님의 사랑을 재어 보시기 바랍니다. 알면 알수록 놀랍습니다. 풍성해집니다. 은혜에 감격해 날마다 마음이 새로워집니다. 사랑은 사람을 변화시킵니다. 사랑의 힘은 사람을 근본적으로 바꾸어 놓습니다. 그 신비한 사랑의 세계로 들어가면 들어갈수록 그 사랑을 더 알기 원하고, 더 사모하게 됩니다.

사랑의 힘에 사로잡히다

이렇게 하나님의 사랑의 고지에 오르게 되면 놀라운 일들이 우리 안에 일어납니다. 먼저, 그 사랑을 알면 알수록 심령의 자유를 누리게 됩니다. 걱정거리가 생겨도 하나님의 사랑을 조용히 묵상하다 보면 마음 깊은 곳에서부터 어느새 이런 확신이 차오릅니다.

'하나님이 인도해 주실 거야. 하나님이 나를 이토록 사랑하시는데, 내가 하나님의 사랑을 받기 위해 태어난 존재인데, 뭐 이 정도 문제 가지고 걱정하지 말자. 불안해할 필요 없어. 모든 일이 합력하여 선을 이루도록 해주실 거야.'

나도 모르게 그런 말을 하고 있단 말이지요. 그러면 그만큼 근심에서 내가 벗어나게 됩니다.

요즘 직장을 구하지 못해서 힘든 젊은이들이 얼마나 많습니까? 답답하죠. 여기 넣어도 안 되고, 저기 넣어도 안 되고, 학위를 따도 안 되고, 자격증도 소용이 없고 얼마나 답답해요? 하나님 앞에 엎드려 기도해도 바로 응답이 없습니다. 그런 때일수록 조용히 말씀을 들고 골방에 들어가서 하나님 앞에 내가 어떤 존재인지를 확인해야 합니다. 하나님이 어떠한 사랑으로 나를 사랑하셨는지, 또 사랑하고 계시는지 묵상해 보세요. 그 사랑이 얼마나 풍성한지, 나 대신 죽을 만큼 나를 사랑하신 그분을 한번 바라보세요. 그 사랑에 능력이 있습니다. 어떤 두려움과 고통 가운데서도 자유케 하는 능력이 있습니다.

둘째로, 그 사랑의 풍성함을 맛보면 소망을 가지게 됩니다.

‘하나님이 나를 이토록 사랑하신다는데 나를 이대로 두실 리 없잖아? 좋은 일이 있을 거야’ 하는 생각으로 모든 것들을 긍정적으로 보게 되지요. 소망이 있으니까 비관하지 않아요. 자신을 그렇게 격려할 줄 알아요. 반대로, 하나님의 사랑을 의심하면 세상이 두렵고 비관적인 말을 하게 되고 급기야 소망을 잃어버리게 됩니다.

셋째로, 그 사랑을 깊이 알수록 우리는 강해집니다. 강한 자가 돼요. 능력을 갖게 됩니다. 사랑에 빠진 젊은이를 아무도 못 막지 않습니까? 부모도, 형제도, 아무도 말리지 못합니다. 그와 마찬가지로 우리가 하나님의 사랑에 빠지면 세상이 우리를 못 막아요. 인생의 짐이 아무리 무거워도 사랑에 빠진 우리를 좌절시키지 못합니다. 비참한 운명이 닥쳐도 그 앞에 무릎 꿇지 않습니다. 하나님이 나를 사랑하신다는 사실을 확실히 믿고 경험하는 사람은 세상을 넉넉히 이길 힘이 있습니다. 로마서 8장이 그렇게 선언하고 있지 않습니까?

“누가 우리를 그리스도의 사랑에서 끊으리요 환난이나 곤고나 박해나 기근이나 적신이나 위험이나 칼이랴 기록된 바 우리가 종일 주를 위하여 죽임을 당하게 되며 도살 당할 양같이 여김을 받았나이다 함과 같으니라”롬 8:35-36.

여기서 우리가 실제로 당해 본 것은 하나도 없습니다. 그래서 그런 극한 상황을 잘 모르지만, 그럼에도 불구하고 저는 단언합니다. 우리는 세상의 위협을 이길 힘이 있어요. 어떻게요?

"그러나 이 모든 일에 우리를 사랑하시는 이로 말미암아 우리가 넉넉히 이기느니라"롬 8:37.

그런 참혹한 자리에 끌려가도 우리를 사랑하시는 이로 말미암아, 우리를 사랑하시는 예수님 때문에 우리는 넉넉히 이길 수 있습니다. 우리가 잘나서가 아니라 그리스도의 사랑이 우리를 꽉 잡고 있으니까, 아무도 우리를 이길 자가 없어요. 이 사랑을 꼭 받으시기 바랍니다.

마흔네 살에 하나님의 부름을 받은 에드워드 페이슨이라는 목사가 있습니다. 그가 병상에 있을 때 자기 누이에게 보낸 편지 중 한 토막을 소개합니다.

"하나님은 내가 받은 복을 하나씩, 차례로 빼앗아 가셨어. 그러나 내게 남은 것이 하나도 없을 때 나를 사랑하시는 주님이 오셔서 그 자리를 대신 채우셨어. 지금 나는 불구가 되어 움직일 수 없는 몸이지만, 내 생애 그 어느 때보다 행복해. 죽음의 강이 내 앞에 놓여 있지만, 주님이 나를 사랑하시기 때문에, 그 죽음의 강이라는 것도 내겐 한 발로 폴짝 뛰어 넘을 수 있는 조그마한 개울일 뿐이야.”

이런 사람을 누가 꺾을 수 있습니까? 죽음도 그를 꺾을 수 없어요. 누가 이런 사람을 패배자라 부르겠습니까? 아무도 못하죠. 하나님의 사랑에 꽉 붙잡혀 있기 때문에 강합니다. 강해요. 하나님이 사랑하시기에 그 사람은 강합니다.

마지막으로, 우리는 기뻐하는 마음을 얻습니다. 하나님께 사랑받고 있다는 사실은 우리를 기분 좋게 만듭니다. 생각만 해도 신이 나게 만듭니다. 영국의 어느 학자가 이런 말을 했어요. “하나님의 자녀에게 있어 기쁨이란 하나의 깃발과 같다.” 영국에 가면 왕족들이 사는 성이 있지요. 그 성 안에 여왕이 머물고 있으면 깃발이 휘날립니다. 그 깃발을 보고 사람들은 ‘아, 여왕이 저 성에 계시는구나!’ 하고 알아봅니다.

이와 마찬가지로 우리가 기뻐하면 그것은 무엇을 의미하느냐, 내 마음에 나를 사랑하시는 주님이 계신다는 것을 표시하는 깃발이라는 거예요. 우리가 기뻐하는 모습을 사람들이 볼 때 ‘아, 저 사람 마음속에 하나님이 계시는구나! 하나님의 사랑이 저 사람의 마음에 가득하구나!’ 하고 알 수 있습니다.

우리는 하나님 앞에 사랑받는 자녀입니다. 하나님의 사랑을 받기 위해 태어난 존재입니다. 하나님의 사랑은 하찮은 것이 아니에요. 잠깐 느끼다 마는 것이 아닙니다. 그저 상식으로 조금 알고 말 것이 아닙니다. 지식을 초월하는 신비한 사랑이요, 너비와 길이와 높이와 깊이가 있는 사랑입니다.

그 사랑을 알게 해달라고, 그 사랑의 충만함에 이르기까지 하나님께 간구합시다. 그 사랑이 나를 자유롭게 할 것입니다. 내게 소망을 줍니다. 나를 강하게 합니다. 이 험한 세상에서 기쁨의 노래를 부르며 살 수 있게 해줍니다. 그러면 우리는 이렇게 말할 수 있겠지요. "나보다도 더 행복한 사람 있으면 나와 보라고 해!" 하나님의 사랑은 우리를 이렇게 바꿀 수 있습니다.

자비로우신 하나님, 우리에게 영원무궁한 사랑을 주신 것을 감사합니다. 우리는 하나님의 사랑을 독차지하면서 세상을 사는 복된 사람들입니다. 하나님의 사랑을 온전히 알기까지 사랑의 터를 다지고, 더욱 깊이, 더욱 넓게 알 수 있도록 우리에게 사모하는 마음을 주시옵소서. 그리하여 그 풍성한 사랑의 능력으로 우리 모두를 자유하게 하옵소서. 우리 모두 능력 있게 하옵소서. 우리 모두 소망 있게 하옵소서. 우리 모두 기쁨으로 주님 앞에 영광과 찬송을 올리게 하옵소서. 예수님의 이름으로 기도합니다. 아멘."

1. 나는 신앙생활한 지 오래되었고 제자훈련도 받았으니 예수님의 제자요, 교회의 기둥이다?

2. 예수님을 믿은 지 오래되었지만 하나님의 사랑이 도무지 느껴지지 않는다?

1. 진정한 제자란, 하나님의 사랑을 알며 그 사랑에 깊이 감동받은 사람입니다. 지금 당신이 하나님의 사랑 안에 깊이 잠겨 있는지 돌아보십시오.

   "요한의 아들 시몬아 네가 이 사람들보다 나를 더 사랑하느냐"(요 21:15).

2. 하나님의 사랑을 깊이 느끼기 위해서는 말씀을 배워야 합니다. 자기 십자가를 지고 날마다 말씀 앞에 설 때에 하나님의 사랑을 하나씩 맛보아 알게 될 것입니다.

   "주의 말씀을 열면 빛이 비치어 우둔한 사람들을 깨닫게 하나이다"(시 119:130).

그리스도인의 자의식을 갖다

하나님의 뜻으로 말미암아 그리스도 예수의 사도 된 바울은

에베소에 있는 성도들과

그리스도 예수 안에 있는 신실한 자들에게 편지하노니

_ 에베소서 1장 1절

가장자리 인생

　　　　　　　　　　몇 년 전에 한 이동통신
사의 TV 광고가 대히트를 친 적이 있습니다. "아버지, 나는 누
구예요?" "몰라서 물어? 나도 잘 몰러~." 반팔 런닝셔츠 바람
으로 짧은 머리를 문지르며 아들의 질문에 대답하던 구수한 아
버지의 모습을 기억하는 사람들이 많을 것입니다.

　이 광고야 'Na'라는 브랜드를 광고하기 위한 것이었지만,
실제로 '내가 누구인지' 제대로 알지 못하고 사는 사람들이
참 많습니다. 예수님을 믿고 완전히 새로운 신분이 되었지만
자신이 누구인지 전혀 깨닫지 못하는 그리스도인은 또 얼마나
많은지요? 다행히 우리의 아버지 하나님은 내가 누구냐는 질

문에 "몰라서 묻니? 나도 잘 몰라" 하고 대답하시지 않습니다.

우리가 하늘의 복을 소유한 자라는 올바른 자의식을 갖는 것만큼 중요한 것도 없습니다. '나는 누구인가?' 하고 자문했을 때 자신 있게, 분명하게, 항상 동일하게 고백할 수 있는 무엇이 있어야 합니다. 그런데 불행하게도 많은 사람들이 교회를 다니면서도 자기가 누구인지에 대한 분명한 의식이 없어 혼란을 겪는 모습을 자주 봅니다.

제가 성경을 통해서 깨달은 바도 그렇고, 저 자신의 인생 경험을 통해서도 분명히 확인한 것이 하나 있는데, 그것은 예수 믿는 사람일수록 이 세상에서는 상처를 받기가 훨씬 더 쉽다는 것입니다. 다른 말로 말하면, 안 믿는 사람들보다 믿는 사람들이 더 무력감에 빠지기 쉽고 또 어떤 면에서는 패배의식에 빠질 확률이 더 크다는 것입니다. 왜 그런지 아십니까?

사회학자들이 쓰는 용어가 있습니다. 영어로 'Marginal Person' 이라고 하는데요, 우리말로는 '주변인' 이라고 하는 좀 어색한 번역을 씁니다. 그런데 제가 볼 때는 우리 마음에 와 닿도록 바꾼다면 '가장자리 인생, 변두리 인생' 입니다. 서로 다른 두 문화권에 살면서 어느 문화에도 동화되지 못하고 어정쩡하게 살아가는 사람을 일컫는 말입니다.

예를 들면 해외에서 사역하는 한국인 선교사가 있지 않습니까? 그들은 한국이라는 문화권을 벗어나서 저 동남아시아나 아프리카, 회교 문화권 같은 데 가서 수년간 사역을 합니다. 그 지역 사람들에게 복음을 전해야 하니까 마음가짐은 그들과 함께 살고 그들과 함께 죽겠다는 자세로 들어갑니다만, 선교사들의 마음에는 '나는 한국인이니까, 한국 문화에서 자란 사람이니까 이 문화권에는 동화되지 않는다' 하는 은근한 거부반응이 있습니다. 그래서 10년을 살아도 자신의 문화 정체성을 잃지 않으려는 나름대로의 방어의식이 있습니다.

그러다가 안식년을 맞거나 은퇴를 해서 고국에 돌아와 막상 자리를 잡고 보면 이제 또 이상한 현상이 나타납니다. 오랜 이국생활 탓인지 이제는 한국 문화에 적응이 잘 안 되는 거예요. 자신도 모르는 사이에 선교지 문화에 영향을 받아 버린 것이지요. 그래서 결국은 이쪽 문화권에도 소속이 안 되고, 저쪽 문화권에도 소속이 안 되는 어정쩡한 위치에 서게 됩니다.

그리스도인의 자의식

꼭 맞아떨어지는 말은 아닙니다만, 이와 마찬가지로 예수 믿는 우리는 어떤 면에서 '가장자리 인생' 이라 할 수 있습니다. 세상에 발을 딛고 살지만 우리는 세상에 속한 자들이 아니기 때문입니다. 우리의 소속은 하늘나라입니다. 그래서 하나님이 우리에게 이렇게 말씀하시지 않습니까?

"위의 것을 생각하고 땅의 것을 생각하지 말라"골 3:2.

어떻게 세상에 살면서 땅의 것을 생각하지 않고 살 수 있나요? 그럼에도 불구하고 하나님은 우리에게 하늘에 속한 사람답게 생각하고 행동하라고 명령하십니다. 그래서 우리에겐 자기 정체성에 대한 확고한 신념이 필요합니다. 그것이 없으면 세상에 휘둘리기 십상입니다. 세상을 아주 지혜롭게 사는 사람들을 볼 때 나 자신은 무언가 모자라는 것같이 느껴지고, 세상 사람들에 비해 자신은 왠지 뒤처지는 것 같다는 착각을 하게 됩니다. 그러니 자꾸 삶의 의욕을 잃게 되지요. 이런 것이 대부분 예수 믿는 사람의 현실입니다.

예수 믿는 사람들이 어디 세상 사람들처럼 악착같이 무슨 짓이라도 해서 살아보겠다고 그럽니까? 아니요, 이제 우리는 그렇게 못합니다. 그러니 그 사람들처럼 그런 자세로 뛸 수가 없어요. 사회생활, 직장생활을 하다 보면, 예수 안 믿었으면 '까짓것' 하고 덤벼들 일도 '예수 믿는 내가 이래선 안 되지'

하고 자기 점검을 합니다. 그러다 보니 이것도 안 되고 저것도 안 되고 결국은 자신이 못난 사람처럼 느껴지는 그런 고통을 자주 받습니다. 그런데 이것이 비정상이냐 하면 아닙니다. 아주 정상입니다.

우리 주변에 호화롭게 사는 사람들과 예수 믿는 사람들을 비교해 보면, 예수 믿는 사람들이 크게 못난 것도 없는데 신앙적으로 정직하게 살려고 하다 보니까, 또 헌금하느라 별로 모아둔 돈도 없고 하니까 그저 소박하게 사는 경우가 대부분이죠. 그래서 물질적으로 좀 있다고 하는 사람들과 비교하다 보면 그만 상처를 받기가 쉽습니다.

그러니까 우리의 위치가 세상에서 쉽게 상처 받을 수 있다는 것을 일단 인정하고, 그 다음 한 걸음 더 나아가 상처를 입지 않도록, 오히려 그들보다 앞선 생활을 할 수 있는 비결이 무엇인지 성경에서 찾아내야 합니다. 믿는 우리에게는 하나님 말씀이 유일한 해답이지 않습니까?

그런데 솔직히 예수 믿는 사람치고 하나님 생각 안하는 사람이 어디 있겠어요? 하루에 몇 번씩 기도하고, 성경 말씀도 조금씩 읽고, 믿는 지체들과 만나서 각자 삶에서 경험한 하나님 이야기도 나눕니다. 그럼에도 불구하고 세상에서 상처를 입으면 잘 극복하지 못하는 것을 자주 봅니다. 열등의식에 갇혀 헤어나지를 못해요. 너무 오래 고통하고 씨름하느라 진이 다 빠집니다. 대부분의 성도들이 그래요. 뭔가 잘못됐습니다.

하나님 생각을 하지 않아서 그렇습니까? 아니에요. 하나님을 생각하되 막연한 하나님을 생각하기 때문에 그렇습니다. 하나님을 막연하게 생각합니다. 예수를 오래 믿은 분일수록 이 막연한 하나님 생각에 잡혀 있습니다. 하나님에 대한 틀이 잡혀 버려서 답이 벌써 뻔하게 나오죠. 이렇게 되면 하나님 생각을 해도 그것이 내 삶에 실질적으로 힘이 되지 않아요. 우리는 구체적인 하나님을 생각해야 합니다.

그렇게 하기 위해서는 성경에 있는 어떤 구체적인 말씀을 가지고 그것과 하나님을 연결시켜 묵상할 수 있어야 합니다. 그래야 그 하나님이 나에게 해주실 일을 마음에 담고 기도하고 바라고 기뻐하는 자리로 나아갈 수 있어요. 새로운 세계가 열리는 것이지요. 믿지 않는 사람은 꿈도 못 꾸는 그런 세계가 우리 믿는 자에게 주어집니다. 그래서 우리는 그곳에서 공급받는 힘으로 세상을 살아가는 존재입니다.

예수님을 믿은 후 우리의 모든 것이 변했습니다. 가장 근본적으로 신분이 바뀌었습니다. 하나님의 선택을 통해 아들이 되었고, 의인이 되었으며, 상속자가 되었습니다. 바울은 에베소 교회에 보내는 편지에서 예수님으로 인해 신분이 변화된 성도들을 이렇게 불렀습니다.

"에베소에 있는 성도들과 그리스도 예수 안에 있는 신실한 자들에게 편지하노니"엡 1:1.

'성도'와 '신실한 자', 이것이 우리가 가져야 할 자의식입니다. 저는 성도란 하나님 편에서 보는 우리의 모습이고, 신실한 자란 사람 편에서 보는 우리의 모습이라고 생각합니다.

하나님의 소유로 구별된 존재

먼저 '성도'는 두 가지 의미가 있습니다. 하나는 '구별된 자'라는 뜻이고, 또 하나는 '거룩함을 입은 자'라는 뜻입니다. 여기서 중요한 점은 이 말이 능동형이 아니라 수동형이라는 것입니다. 내가 나 자신을 '구별한' 것이 아니라 누군가에 의해 '구별된' 것이고, 내가 '거룩하게 한' 것이 아니라 '거룩하게 된' 것입니다. 그렇다면 누가 우리를 구별하고 거룩하게 했습니까? 하나님이십니다. 예수님을 믿자마자 '나'라는 존재는 하나님이 자신의 소유로 취해 성령으로 인 치신 특별한 존재가 되었습니다.

"내가 너를 구속하였고 내가 너를 지명하여 불렀나니 너는 내 것이라"사 43:1.

"너희는 너희 자신의 것이 아니라 값으로 산 것이 되었으니"고전 6:19-20.

하나님이 우리에게 하시는 말씀입니다. 구속한다는 뜻이 무엇입니까? 값을 치르고 샀다는 말입니다. 죄 때문에 사탄에게 팔린 우리를 하나님이 아들의 생명으로 값을 치르고 사신 것입니다. 그래서 이제는 하나님의 것이라고 따로 구별해 놓은 것이 바로 우리의 존재입니다. 참 이해할 수 없는 일입니다. 대체 내가 무엇이기에 하나님이 자신의 것으로 구별하신다는 말입니까? 이건 황송하다는 말도 붙일 수가 없습니다. 예수님의 생명으로 값을 치르고 하나님의 것으로 구별된 우리가 바로 성도입니다.

거룩함을 입은 사람

'성도'의 두 번째 의미는 '거룩함을 입은 자'라고 했는데, 이것은 구별된다는 것과 불가분의 관계를 갖고 있습니다. 왜 하나님이 우리를 거룩하게 만듭니까? 하나님의 소유가 되려면 거룩해야 하기 때문입니다. 하나님은 거룩하시기 때문에 거룩하지 않은 것은 자기 것으로 삼으시는 법이 없습니다. 그래서 우리가 예수님을 믿는 순간에 하나님은 예수님의 보혈로 우리를 정결케 하여 완전히 거룩한 자로 바꾸어 놓으셨습니다. 내가 어떻게 하나님의 것이 되었느냐고 묻는다면 답은 이것입니다. "하나님이 나를 거룩하게 만드셨기 때문에 하나님의 것이 되었습니다." 이런 의미에서 믿는 자는 다 거룩합니다.

가톨릭에서는 '성자'聖者를 따로 구별해서 숭배하는데 그것은 어폐가 있다고 생각합니다. 믿는 자들 중 누군가 성자이면 다른 사람은 성자가 아니라는 말입니까? 성경을 보면 예수님을 믿는 사람들은 다 거룩한 사람, 성자입니다. 예수 그리스도가 십자가에서 흘리신 피로 우리의 모든 죄를 깨끗하게 하셨기 때문입니다.

의롭다고 하신 분이 하나님이신데 누가 감히 우리에게 죄 있다고 말할 수 있겠습니까? 하나님이 우리의 죄를 다 용서하셨습니다. 그뿐입니까? 성령님이 마음 가운데 거하시면서 우리의 지, 정, 의, 모든 육체와 영혼에 묻은 죄악의 오물을 다 깨끗하게 하십니다. 그러니 하나님이 보실 때 우리가 거룩한 자, 성도입니다.

성도들에게 "예수님을 믿으십니까?"라고 물으면 "예"라고 대답합니다. 그러나 "당신은 거룩한 사람이지요? 완전히 용서받았지요?"라고 물으면 대답을 잘 못합니다. 자신이 없어요. 이와 같은 일이 왜 일어나는지 아십니까? 사탄은 우리가 우리 자신을 더럽게 여기길 원하기 때문이에요. 자신에 대해 '나는 형편없다, 도무지 가능성이 없다'고 생각하게 해서 자신을 용서받지 못할 자로 여기도록 유혹합니다. 그래야 예수를 믿더라도 쉽게 절망하고 결국 '휴, 아무리 해도 이 모양인데 믿어서 뭐하겠나?' 하면서 신앙을 버리게 되기 때문입니다.

혹 마음속에 이런 생각을 품고 있다면 속히 던져 버리십시오. 사탄은 우리의 더러운 것을 보게 합니다. 우리가 거룩하다는 것을 절대 믿지 못하게 만듭니다. 그러나 하나님은 자기 자녀에게 어떻게 말씀하십니까? 언제나 우리가 거룩하게 되었다고 말씀하십니다.

이러한 인식은 매우 중요합니다. 자신이 거룩하다는 것을 분명히 알고 싶으면 자신의 입장에서 보지 마시고 하나님 입장에서, 하나님의 관점에서 보십시오. 이것이 성경적입니다. 목사인 저도 스스로 가만히 살펴보면 악한 감정도 있고, 거짓된 말과 거짓된 생각이 있고, 여러 가지 면에서 죄인인 것을 수시로 느낍니다. 이런 자신의 모습을 알면서 스스로 거룩하다고 하면 위선이지 않아요? 그러니까 자신의 입장에서 볼 때는 거룩하다고 할 사람이 아무도 없습니다.

그런데 하나님은 왜 우리를 거룩하다고 하십니까? 하나님이 나를 보실 때는 예수님 안에 넣어서 보시기 때문이죠. 절대로 예수님과 나를 따로 세워 놓고 보시는 법이 없습니다. 또 하나님은 언제나 우리 마음에 계신 성령님을 통해서 나를 보시죠. 이렇게 하나님 편에서 우리를 보면 우리는 완전히 딴 존재가 되는 거예요. 예수님 안에 있기 때문에 모든 죄와 허물이 다 가려집니다. 또 우리를 성령으로 속사람부터 거룩하게 하시기 때문에, 성령을 통해서 보실 때는 우리가 항상 거룩하게 보입니다.

만약 우리가 이 진리를 깨닫지 못하면 일평생 안절부절못하다 인생 끝날 거예요. 이런 사람은 자신이 거룩한 하나님의 소유라는 분명한 자의식이 없기 때문에 사탄에게 이리저리 끌려다니다 형식적인 신앙생활로 전락할 위험이 있습니다.

예수님을 믿는 사람은 일상생활에서도 승리할 수 있는데, 그 출발점은 '내가 거룩하게 살아야지'가 아니라 '나는 거룩하다'입니다. 내가 거룩하다는 자의식에서 성결한 생활이 시작되는 것이지 '이제 거룩해져야지'라고 다짐한다고 되는 것이 아니에요. 근본적으로 접근 방법이 틀립니다.

떨기나무 앞에 선 모세에게 하나님이 말씀하십니다. "모세야, 네 발에서 신을 벗어라. 네가 선 곳은 거룩하니라." 모세도 거룩한 사람이 되었습니다. 모세에게 어떤 죄나 결점이 없기 때문입니까? 단지 하나님 앞에 섰기 때문에 신발을 벗고 거룩한 존재가 된 것입니다. 우리 역시 똑같습니다. 예수님을 믿고 하나님 앞에 나왔으니까 모세처럼 하나님 앞에 신발을 벗은 사람이 되었습니다. 자신 안에 어떠한 모순이 있다 해도 그것 때문에 하나님이 주신 거룩함을 포기할 수는 없습니다.

우리는 거룩합니다. 하나님이 우리를 거룩하게 하셨습니다. 그러므로 성도입니다. 이 사실을 마음 깊이 새기기 바랍니다. 우리의 신분은 이미 바뀌었습니다. "어디, 하나님의 자녀가 한 번 되어 보자. 열심히 해서 하나님의 마음에 들어 보자." 아니요, 나는 이미 하나님의 것이기에 하나님의 것이 되려고 애쓰지 않아도 됩니다. 초점을 바꾸지 마십시오.

누가 봐도 신실한 사람

믿는 자가 가져야 할 자의식 두 번째는 '신실한 자'입니다. 이것은 사람들이 우리를 바라볼 때의 모습이라고 했습니다. 신실하다는 말에도 두 가지

의미가 담겨 있습니다. 하나는 '믿음대로 행한다'는 뜻이고, 또 하나는 '신뢰할 만하다'는 뜻입니다. 그래서 어떤 학자는 '신실한'이라는 단어에 '믿음'과 '충성'이라는 의미가 들어 있다고 했습니다.

예수님을 믿으면 일단 안 믿는 주변 사람들에게 신실한 사람으로 인정을 받아야 합니다. 우리가 예수님의 뜻대로 하나님 나라를 위해 충성스럽게 살 때 세상 사람들은 '저 사람은 진짜 믿는 사람이구나'라고 생각하게 됩니다. 제가 늘 생각하는 것은 이 사회에서 그리스도인들이 좀 더 표를 내야 한다는 것입니다. 다시 말해, 세상 사람들이 고개를 끄덕이며 인정할 정도로 신앙생활을 참되게 해야 한다는 것입니다.

그렇다면 어느 정도가 되어야 참된 그리스도인이라 할 수 있을까요? 성경에 분명히 나와 있습니다.

"우리 중에 누구든지 자기를 위하여 사는 자가 없고 자기를 위하여 죽는 자도 없도다 우리가 살아도 주를 위하여 살고 죽어도 주를 위하여 죽나니 그러므로 사나 죽으나 우리가 주의 것이로다"롬 14:7-8.

어느 정도로 충성해야 합니까? 자신의 존재는 완전히 잊고,

살든지 죽든지 주를 위해서 한다는 경지가 되어야 합니다.

성도들 가운데 불행하게도 이중생활을 하시는 분들이 있습니다. 만약 이 부분을 읽으면서 마음에 찔림이 있다면 하나님이 하시는 말씀이라 생각하고 성령님의 도우심으로 새롭게 되기를 바랍니다.

이중생활이란 무엇입니까? 월요일부터 토요일까지 세상에서 세속적인 삶을 살다가, 주일에 교회 와서는 열심히 신앙생활 하는 척하는 것을 말합니다. 이렇게 이중생활 하는 사람을 보며 신실하다고 할 사람은 아무도 없겠지요. 그런 사람은 믿을 수가 없습니다. 세상에서 예수 믿는 표를 완전히 떼놓고 세상 사람들과 짝이 되어 살면 사람들이 겉으로는 좋아할지 몰라도 속으로는 '이 사람 못 믿겠네. 이중적이야'라고 판단할 것입니다.

좀 오래된 것이긴 하지만, 미국 갤럽에서 미국인의 신앙생활 실태를 파악한 설문 조사 결과가 있습니다. 거기서 '신앙생활이 중요합니까?'라는 질문에 대해 56%가 '그렇다'라고 대답했습니다. 그러나 '신앙을 그대로 실천합니까?'라는 항목에 대해서는 38%만이 '그렇다'라고 답했습니다. 나머지 16%는 어떻게 된 것이지요? 생각만 할 뿐 생활은 따라가지 않는다는 얘기입니다.

우리 한국 교회는 어떻습니까? 신앙이 중요하다고 생각해서 주일에 교회 나오는 사람은 많지만 실제로 삶으로 예수님께 충성하는 사람은 얼마나 될까요?

나를 통해 하나님을 본다

예수님을 믿는 우리가 세상 사람들 앞에 신실한 자로 인정받지 못하면 두 가지 치명적인 결과가 따르게 됩니다. 먼저, 우리로 인해 사람들이 하나님을 대수롭지 않게 생각하게 됩니다. '흥, 믿는다는 사람들이 저 모양인 걸 보면 하나님도 별 수 없구나. 예수? 뭐 대단하지도 않구나.' 이런 얘기가 나옵니다.

자식이 함부로 대하는 부모를 공경하는 이웃 봤습니까? 부인이 무시하는 남편을 존경하는 이웃을 보셨어요? 우리가 진지하게 믿지 않으면 우리의 태도를 보고, 믿지 않는 사람들도 하나님을 무시합니다. 얼마나 기가 막힌 상황이에요? 만약 내가 예수님을 적당히 믿는다면 내 자녀가 예수님에 대해서 얼마나 진지하게 여길지 한번 생각해 보세요. 부모인 나 때문에 내 자녀들에게 예수님이라는 존재가 아무것도 아닌 게 되어 버릴 수도 있습니다.

우리가 신실하지 못할 때 또 하나 커다란 문제가 따릅니다. 바로 이 사회가 하나님을 추방해 버리는 것입니다. 우리가 하나님이나 하나님의 방법은 안중에도 없이 세상의 유행이나 풍조를 따라 살면, 사람들은 우리를 보면서 하나님은 없다고 생각합니다. 저는 이것을 현대판 무신론이라고 봅니다.

그리스도인들이 하나님을 두려워하고 하나님이 계신 것을 날마다 의식하면서 사는 모습을 보여 주지 못하니까, 주변에 있는 믿지 않는 사람들은 하나님의 존재를 아예 잊어버리게 됩니다. 결국 사람들의 생각과 마음에서 하나님의 존재는 사라지고 맙니다.

러시아의 문학자이자 노벨상 수상자인 솔제니친이 쓴 글을 보고 제가 큰 충격을 받았습니다. 50년 가량을 러시아 혁명사 연구에 몸 바친 그는 수백 명과 면담을 하고 수백 권의 책을 읽은 끝에 러시아 혁명에 관해 이런 결론을 내렸습니다.

"만약 6천만 러시아인의 생명을 삼킨 무서운 혁명이 왜 일어났는지 내게 설명해 보라고 한다면, 나는 사람들이 하나님을 잊어버렸기 때문이라고 되풀이하는 것 외에 다른 답변은 할 수 없을 것이다."

솔제니친은 사람들이 하나님을 잊어버렸기 때문에 그 끔찍한 혁명이 일어났다고 합니다. 러시아에 그렇게 교회가 많이 있었는데 왜 그들이 하나님을 잊어버렸습니까? 예수님을 먼저 믿은 사람들이 마치 하나님이 없는 것처럼 생활했기 때문입니다. 믿는 자가 하나님의 살아 계심을 보여 주지 못하니 교회 밖에 있는 사람들도 하나님을 잊은 것입니다. 그래서 그 사회는 하나님을 떠났고 엄청난 재앙을 겪었습니다.

이것은 결코 남의 나라 이야기만은 아닐 것입니다. 오늘날 한국 교회가 이 사회에 어떤 영향을 미치고 있나요? 믿는 우리가 세상 사람들과 똑같이 물질주의의 노예처럼 아침부터 저녁까지 돈, 돈 하면 누가 봐도 돈이 하나님으로 보이지 진짜 하나님의 존재는 볼 수 없습니다. 그러나 믿는 우리가 좀 손해를 보더라도 말씀대로 살고자 애쓰면 주변 사람들이 먼저 알아차립니다. 겉으로는 우리를 괴롭힐지 몰라도 속으로는 '저 사람을 보니 하나님이 정말 있는 것 같다' 하며 하나님의 존재를 두려워합니다.

우리는 예수님을 믿고 하나님의 구별된 소유, 곧 성도가 되었습니다. 거룩한 존재라는 자의식을 갖고 거룩한 존재답게 살아야 합니다.

또 세상 사람들이 볼 때 예수 그리스도께 충성하는 존재입니다. 무슨 일을 하든지 주께 하듯 하고, 아무도 보지 않을 때에도 하나님 앞에서 행하는 자들이지요. 그래서 서로 속고 속이는 세상에서 "저 사람이라면 신뢰할 만해"라고 인정받는 그런 사람들입니다. 우리는 시시한 존재가 아니에요. 우리가 이렇게 올바른 자의식을 가지고 살 때 세상은 우리를 통해 하나님을 보게 될 것입니다.

계기판을 보세요

어떤 영어성경에 이런 표현이 나옵니다. 로마서 12장 2절 "너희는 이 세대를 본받지 말라"는 말씀을 이렇게 번역해 놓았습니다.

"너희 주변에 있는 세상이 너희를 자기 틀에 맞게 쑤셔 넣지 못하게 하라."

참 재미있는 표현이죠? 우리가 사는 세상이 틀을 갖고 있지 않습니까? 그래서 유행이다 뭐다 해서 우리를 그 틀에 맞도록 억지로 집어넣으려고 합니다. 그것이 이 세상이고 이 세대입니다. 그런데 하나님은 우리에게 세상이 그렇게 하지 못하게 하라고 하십니다. 그래서 우리가 말씀대로 살다 보면 세상 사람들 눈에 약간 이상한 존재가 됩니다.

저 하늘에 정신을 홀딱 빼앗기고 사는 사람처럼 보입니다. 그래서 세상 사람들이 예수 믿는 사람을 약간 비웃기도 합니다. 좀 멸시하기도 합니다. 왜 하늘에 정신을 빼앗기고 삽니까? 그거야 당연하죠. 우리가 하늘나라 소속이니까 그렇습니다. 만약 예수 믿는 사람이 그렇지 못하다면 그게 더 이상한 것이지요.

경비행기를 모는 메이May라는 평신도 선교사의 이야기입니다. 그는 선교지에서 밀림지역이나 산악지역에 있는 작은 부족을 찾아가는 선교사들을 경비행기로 실어 나르는 일을 합니다. 그가 처음 비행술을 배울 때 스승에게 귀가 따갑도록 이런 말을 들었다고 합니다.

"메이, 당신이 비행기를 타고 하늘에 올라가면 당신 감각을 절대 믿어서는 안 됩니다. 당신 생각에 비행기가 남쪽으로 간다고 느껴질 때 즉시 계기판을 보세요. 당신은 반드시 동쪽으로 가고 있을 거예요. 또 비행기가 막 아래로 내려간다고 느껴지면 그때도 계기판을 보세요. 그러면 계기판은 비행기가 수평으로 날고 있다는 것을 정확히 보여 줄 거예요. 이럴 때 당신 감각을 믿고 비행기를 끌어올리면 큰 사고가 납니다. 그러니까 당신 감각이야 어떻든 비행기가 수평으로 날고 있다는 것을 계기판을 보고 믿어야 해요. 비행기를 타고 하늘에 올라가면 당신이 믿을 것은 계기판밖에 없습니다. 당신 감각을 믿으면 절대 안 돼요."

맞는 말입니다. 하늘에 올라가면 전후좌우 분간이 안 됩니다. 우리 감각이 믿을 만한 게 못 된다는 사실은 비행기를 타보면 다 알지 않아요? 이처럼 그리스도인의 삶도 마찬가지입니다. 우리는 성경이라는 계기판을 보고 사는 사람이지 세상 감각을 따라 사는 사람이 아닙니다. 감각을 믿다가는 본전도 못 찾아요. 우리는 감각대로 따라가지 않습니다. 내가 원하는 대로, 내가 욕심나는 대로, 세상이 좋다고 하는 대로, 사람들이 우르르 몰려가는 대로 따라가지 않습니다. 우리가 믿는 것은 무엇입니까? 우리의 계기판은 성경 말씀입니다.

우리는 하늘에 속한 사람들이라는 자의식, 하나님의 소유요, 거룩한 아들이라는 자의식을 잊지 맙시다. 세상 사람들 눈에는 가장자리 인생, 변두리 인생 같아 보이겠지만, 우리는 하늘에 속한 자요, 그리스도인이라는 자의식을 단단히 붙잡고 살기를 바랍니다. 자신의 신분을 확인하고 좀 여유만만하게 세상을 내려다보면서 사는 믿음을 소유하시기 바랍니다.

하나님, 아무런 자격 없는 저를 하나님의 것으로 구별하시고 거룩하게 하신 은혜가 얼마나 놀라운지요. 새롭게 된 신분에 걸맞게 올바른 자의식을 가지고 하나님이 기뻐하시는 모습으로 살게 하소서. 성도로서, 신실한 자로서 하나님의 마음을 기쁘게 해드리며 이웃에게 하나님의 살아 계심을 드러내는 자 되게 하소서. 예수님 이름으로 기도합니다. 아멘.

1. 예수님을 믿으면 하나님의 자녀라고 하지만, 솔직히 내가 세상 사람들과 별 다를 바 없이 살고 있기 때문에 그 사실이 도무지 믿기지 않는다?

2. 하나님을 믿기는 믿지만 세상 사람들과 잘 어울리려면 광신도처럼 보이지 말고 적당히 세상 풍조와 가치관을 따르는 게 좋다?

1. 바른 자의식을 갖는다면 그에 걸맞은 삶으로 점차 바뀔 것입니다. 하나님의 시각으로 자신을 바라보십시오. 진리의 말씀에 근거한 자의식을 가지십시오.

"그런즉 누구든지 그리스도 안에 있으면 새로운 피조물이라 이전 것은 지나갔으니 보라 새것이 되었도다"(고후 5:17).

2. 믿는 자가 삶으로 하나님을 드러내지 않는다면 세상 사람들은 하나님의 존재를 전혀 의식하지 못합니다. 당신의 삶으로 하나님의 살아 계심을 보여 주십시오.

"곧 내가 그들 안에 있고 아버지께서 내 안에 계시어 그들로 온전함을 이루어 하나가 되게 하려 함은 아버지께서 나를 보내신 것과 또 나를 사랑하심같이 그들도 사랑하신 것을 세상으로 알게 하려 함이로소이다"(요 17:23).

은혜와 평강 안에 거하다

하나님 우리 아버지와 주 예수 그리스도로부터
은혜와 평강이 너희에게 있을지어다
_ 에베소서 1장 2절

평강이 없는 세상

통계청에서 낸 2007년 사망 통계 자료에 따르면 우리나라의 자살률은 OECD 국가 중 최고라고 합니다. 미국10.1명, 영국6.0명, 프랑스14.6명는 물론 자살률이 비교적 높은 일본19.1명, 헝가리21.0명, 벨기에18.4명 등의 국가보다 훨씬 높은 수치입니다.

그해 자살한 사람은 모두 12,174명으로 하루 평균 33명 정도가 스스로 세상을 등졌다고 합니다. 또 2008년은 연예인들의 자살 소식이 이어져 우울증과 자살이 사회적인 이슈가 되지 않았습니까? 날이 갈수록 사람들은 마음의 평안을 잃어 갑니다. 물질적인 삶은 더 안락해지고 편안해졌는데 왜 사람들은 마음의 평안과 안식을 누릴 수가 없을까요?

사실 세상 어느 곳에서도 평안을 찾을 수 없는 것은, 진정한 평안은 오직 하나님에게서 오는 것이기 때문입니다. 하나님은 우리에게 귀한 선물을 두 가지 주셨습니다. 바로 '은혜와 평강' 입니다. 하나님이 얼마나 이것을 주기 원하시는지 사도 바울의 편지에만 열네 번이나 나옵니다. 우리가 그 깊이를 다 알 수는 없어도 하나님이 중요하게 여기신다는 것만은 느낄 수 있습니다.

먼저 짚고 넘어가야 할 것은, 은혜와 평강은 기막히게 좋은 것이지만 반드시 "하나님 우리 아버지와 주 예수 그리스도로부터" 주어진다는 사실입니다. 이것은 우리가 하나님과 어떤 관계에 놓여 있는지를 이야기하는 중요한 말씀입니다.

예수님을 믿기 전에는 세상을 살면서 필요한 모든 것이 어디에서 오는지 잘 모릅니다. 그저 살다 보니 자연적으로 생기거나, 내가 똑똑하고 유능해서 생긴다고 생각합니다. 그러나 예수님을 믿고 하나님을 발견한 후에 보면, 이제 나는 하나님이 주시는 것을 받는 새로운 입장에 서 있다는 것을 알게 됩니다. 하나님으로부터 오는 것을 받는 관계, 이 관계에 들어왔기 때문에 여기서 벗어나서는 내가 존재할 수 없음을 알게 됩니다. 예수님은 이 관계를 포도나무 비유로 설명하셨습니다.

"나는 포도나무요 너희는 가지라 그가 내 안에 내가 그 안에 거하면 사람이 열매를 많이 맺나니 나를 떠나서는 너희가 아무것도 할 수 없음이라"요 15:5.

나무에서 끊어진 가지는 말라죽고 맙니다. 이것은 생명의 관계입니다. 그래서 예수님은 "나를 떠나서는 아무것도 할 수 없다"고 단적으로 말씀하십니다. 이 관계는 독자적이며 유일무이한 관계요, 생명과 직결되는 관계입니다.

예수님을 떠나면 살아남지 못합니다. 이 말은 세상에서 금방 망하게 된다는 의미는 아닙니다. 사실 예수님을 떠나서도 세상에서 보란 듯이 잘 사는 사람들이 얼마나 많습니까? 그러나 하나님이 보실 때는 그 삶이 무의미하다는 것입니다. 이 관계에서 벗어나 마음대로 사는 사람들 가운데 세상에서 사업 잘하고 성공적으로 살았을지는 몰라도, 인생의 종지부를 찍는 순간에 평안히 눈을 감은 경우가 있을까요?

우리에겐 은혜가 필요하다

예수님과의 관계에 들어선 사람만이 은혜와 평강으로 살 수 있습니다. '은혜' 다음에

'평강'이라는 이 순서가 중요합니다. 은혜 받은 사람의 마음에서만 체험할 수 있는 것이 평강이기 때문입니다. 그런데 많은 사람들이 은혜는 무시하고 평강만 찾습니다. "주여, 제 마음이 불안하니 평안을 주소서. 용기를 주소서."

평강은 은혜를 받은 사람에게 하나님이 거저 주시는 선물입니다. 마음의 평강을 누리고 싶다면 먼저 은혜를 받으세요. 은혜를 샘이라고 한다면 평강은 바다입니다. 은혜가 원인이라면 평강은 결과입니다. 은혜가 없이는 평강을 누릴 수 없고, 은혜가 부족하면 평강도 흔들립니다.

성도가 얼마나 마음의 평강을 누리고 사는가는 은혜 받은 정도와 비례합니다. 지금 나의 상태는 어떻습니까? 마음에 평강의 강이 흐르고 있습니까? 아니면 항상 무언가에 쫓기듯 불안합니까? 마음에 평강이 없습니까? 평강을 구하지 말고 은혜를 구하십시오.

그렇다면 은혜란 무엇입니까? 은혜란 글자 그대로 하면 받을 자격이 없는 자에게 베푸는 호의입니다. 이런 말이 있습니다. "은혜는 하나님의 내리사랑이다." 보통 자기 자식을 향한 부모의 사랑을 내리사랑이라고 합니다. 사람들은 자신을 낳고 키워 준 부모에게는 잘하지 못하면서 자기 자녀에게는 지극 정성을 쏟는 것이 일반적인 모습이죠. 자녀에게 쏟는 이 사랑은 무조건적이며 굉장히 순수합니다. 자녀가 부모를 위해 아무것도 한 것이 없는데도 부모는 그저 자기 자식이니까 사랑을 줍니다. 우리를 자녀 삼으신 하나님의 마음도 내리사랑입니다.

이 은혜는 우리의 속사람을 강건하게 하는 복입니다. 저는 육체가 건강하고 평안한 것을 은혜라고 하고 싶지 않습니다. 물론 그것 또한 하나님이 주시는 좋은 것입니다. 그러나 은혜는 원래 하나님이 영혼과 마음의 평안을 위해 주시는 선물입니다. 이런 의미에서 성경은 우리에게 "항상 하나님의 은혜 가운데 있으라"행 13:43고 말씀합니다. 하나님이 우리에게 "항상 돈벼락 가운데 있으라, 항상 대저택에 있으라"고 하지 않으시고 무엇에 있으라고 하십니까? 은혜 안에 있으라고 하십니다. 이는 내 영혼, 속사람이 하나님의 풍성한 복 가운데 거하는 것을 말합니다.

"너는 그리스도 예수 안에 있는 은혜 가운데서 강하고"딤후 2:1.

잘 먹어서 육체가 강해지라는 말이 아닙니다. 은혜를 받아 속사람, 영혼이 강해지라는 것입니다.

"마음은 은혜로써 굳게 함이 아름답고"히 13:9.

마음은 속사람의 대명사입니다. 역시 은혜로써 강건해지는 것이 아름답다고 했습니다. 이것을 보면 은혜는 속사람을 위해 하나님이 주시는 양식입니다. 속사람이 은혜 안에서 강하고 풍성해지지 않으면 그 사람이 외적으로 아무리 많은 것을 소유했다 할지라도 진정으로 행복한 사람이 아닙니다.

우리는 속사람에 얼마나 관심을 기울이나요? 속사람이 은혜로 강건해야만 겉 사람도 강건할 수 있습니다. 옷을 많이 껴입는다고 감기를 이길 수 있나요? 체질이 강해야 이길 수 있지요. 마찬가지로 이 세상을 살아갈 동안 많은 고난과 역경과 죄악을 이기는 데 필요한 것은 속사람의 강건함이지, 육체적인 건강이나 물질적인 부요함이 아닙니다.

많은 사람들이 어려운 상황을 놓고 하나님 앞에 기도하며 불평합니다만, 하나님은 우리의 상황이 아니라 그것을 극복하지 못하는 속사람의 약함을 염려하십니다. 초막이든 궁궐이든 그곳이 하나님의 나라가 되게 하는 것은 속사람의 강건함이지 겉사람의 문제가 아니기 때문입니다. 그래서 하나님은 물질을 구하는 사람에게 필요한 물질을 다 주시지 않고, 고난을 없애 달라고 구하는 사람에게 고난을 남겨 놓으십니다. 정말 중요한 것은 속사람의 강건함이라는 사실을 깨닫게 하기 위함입니다.

은혜에 이르는 길

속사람을 강건케 하는 은혜를 받으려면 어떻게 해야 할까요? 구체적으로 두 가지가 있습니다. 첫째로, 은혜는 구원의 진리를 매일 깊이 깨닫고 체험함으로써 얻게 됩니다. 구원은 이미 이루어진 과거의 일입니다. 예수님이 날 대신하여 죽으시고 부활하심으로써 모든 죄를 대속해 주신 주님이요 구원자이심을 의심 없이 믿는다면 누구나 구원받은 사람입니다.

"예수 그리스도로 말미암아 자기의 아들들이 되게 하셨으니"엡 1:5.
"그의 피로 말미암아 속량 곧 죄 사함을 받았느니라"엡 1:7.
"약속의 성령으로 인치심을 받았으니"엡 1:13.

모두 과거형으로 되어 있습니다. 그런데 과거의 일일수록 사람들은 쉽게 잊어버리고 소홀히 여깁니다. 그래서 예수님을 믿은 지 오래된 사람들이 은혜에 메말라 고통당하는 모습을 종종 볼 수 있습니다. 그 원인이 무엇입니까? 너무 오래전에 있었던 일이라 구원받은 감격, 그 첫사랑을 다 잊은 거지요. 그러니 영혼이 마치 가물어 메마른 풀포기처럼 말라비틀어집니다.

교회 안에도 가난뱅이와 부자가 있습니다. 누가 가난뱅이입니까? 구원의 감격을 모르는 사람입니다. 누가 부자입니까? 날마다 구원의 감격이 넘치는 사람입니다. 예수님과 십자가를 생각할 때마다 마음에 감격이 솟는 사람, 하나님이 주신 구원의 '구'자만 들어도 기쁨이 넘치는 사람, 이런 사람을 은혜 충만한 사람이라고 합니다. 하나님은 우리가 구원의 은혜를 쉽게 잊지 않기를 원하십니다.

"내 영혼아 여호와를 송축하며 그의 모든 은택을 잊지 말지어다 그가 네 모든 죄악을 사하시며 네 모든 병을 고치시며 네 생명을 파멸에서 속량하시고 인자와 긍휼로 관을 씌우시며 좋은 것으로 네 소원을 만족하게 하사 네 청춘을 독수리같이 새롭게 하시는도다"시 103:2-5.

하나님이 주신 이 모든 은혜를 잊어서는 안 됩니다. 단순히 기억력을 다시 작동시키라는 말이 아니라 적극적인 의미에서, 나를 구원하신 하나님의 은혜를 날마다 더 깊이 깨닫고 감격하라는 뜻입니다.

그렇다면 방법은 하나밖에 없습니다. 구원의 진리가 가득 담긴 성경을 가까이하는 것입니다. 은혜 받은 사람에게는 성경의 단어 하나하나가 감격을 줍니다. 마치 포도알을 깨물 때 입

안에 흘러들어오는 단물처럼, 한 구절 한 구절이 기가 막히게 달콤합니다. 분주한 일과 속에서 한 장을 읽든, 한 구절을 읽든 성경을 읽을 때 말씀이 나를 사로잡습니다. 심지어 별 의미도 없을 것 같은 조사 하나에서도 때로는 하나님이 놀라울 정도로 은혜를 체험하게 해주십니다.

예전에 목사님들 80명이 참석하는 세미나에서 제자훈련 소그룹을 공개한 적이 있습니다. 저와 제자반 자매들 22명이 제자훈련 모임을 하고, 80명의 목사님들은 그 바깥에 둘러앉아 참관을 하십니다. '아, 귀납적 성경공부가 저런 것이구나, 저렇게 하니까 사람들에게 다가가기 쉽구나' 하고 직접 보고 깨닫도록 도와주기 위한 것이었습니다.

그날의 성경공부 주제는 삼위일체였습니다. 우리가 잘 아는 바와 같이 제일 어려운 교리 가운데 하나가 아닙니까? '어떻게 한 하나님이 세 분이냐? 어떻게 세 분이 한 하나님이냐?' 이것은 아무리 생각해도 풀리지 않는 진리입니다. 솔직히 이런 내용을 가지고 공부를 하면 별로 재미도 없고 은혜도 없을 것 같아 은근히 걱정이 되었습니다. '내가 왜 삼위일체 교리를 주제로 택했을까?' 하는 후회도 들었지만, 한편으로는 말씀을 가까이하는 자에게 항상 은혜를 주시는 하나님이심을 믿었기에 기대감을 갖고 그 자리에 앉았습니다.

공부가 시작되자 삼위일체에 대해 확신이 없는 자매들이 심경을 토로합니다. 참관하는 목사님들의 존재는 개의치도 않고 다 털어놓습니다. 어떤 목사님들은 '야, 제자훈련을 받는다고 하면서 저런 것도 믿지 않고 있었나?' 하고 놀랐을 거예요. 그러나 이런 솔직한 마음을 나눌 수 있는 자리가 얼마나 좋습니까? 그래서 이 문제로 서로 이야기를 주고받다가 제가 결론적으로 이렇게 물었습니다.

"성부, 성자, 성령 하나님에 대해서 우리는 완전히 이해할 수 없습니다. 그런데 제가 한 가지 여러분에게 묻겠습니다. 하나님이 이렇게 셋이 하나이자 하나가 셋인, 도무지 이해할 수 없는 이런 분으로 나타나지 않을 수 없는 근본적인 이유가 어디에 있습니까? 하나님이 괴물처럼 생겼기 때문입니까, 아니면 우리 자신에게 문제가 있기 때문입니까?

죄 속에 푹 빠져 진리를 깨달으려야 깨달을 수도 없고, 하나님을 찾으려야 찾을 수 없는 것이 누구 때문입니까? 하나님을 찾으려고 해봤자 고작 자기 머리에서 만들어 낸 우상이나 눈앞에 보이는 두려운 자연현상을 신으로 여기는 우둔한 인간이 어떻게 하나님을 찾습니까? 이 무지한 인간에게 하나님이 자신을 알려주기 위해 모든 방법을 다 동원해서 나타나신 모습이 삼위일체가 아닌가 싶습니다.

무엇 때문에요? 우리의 작은 머리로 다 이해할 수 없는 존재이신 하나님을 알게 하시기 위해, 나를 하나님 앞으로 인도하기 위해 그렇게 나타나신 것입니다. 성자 하나님이 왜 육신을 입고 오셨습니까? 성령 하나님이 왜 영으로 임하셔서 돌같이 굳은 내 마음을 부드럽게 해주십니까? 모두 나 때문입니다. 우리는 날마다 왜 하나님이 성부, 성자, 성령이냐고 따지기만 했지, 나 때문에 그렇게 되셨다는 생각은 해보지 않았지요?"

이렇게 결론을 지으면서 자매들의 얼굴이 조용히 은혜에 잠기는 것을 보았습니다. '그렇구나, 삼위일체 하나님에 대해 이상하다고만 생각했지 그 하나님이 나를 위해 그런 모습으로 찾아오셨다는 것은 생각하지 못했구나.' 처음에는 이해하지 못하겠다, 어떻게 그럴 수가 있느냐고 하던 자매들도 말씀을 통해 깨닫습니다. 이것이 은혜입니다. 성경 안에 있는 진리는 어떤 것이든 깨물면 단맛이 나오도록, 그래서 영혼이 강건해질 수 있도록 하나님이 은혜를 가득 담아 놓으셨어요. 그러므로 성경 말씀을 등한히하는 것만큼 큰 손해는 없습니다.

그런데 혼자 앉아서 성경을 꿀처럼 달게 이해하기란 쉽지가 않지요. 상당한 수준에 이르기 전까지는 어려운 일입니다. 그러니 별수 있나요? 교회에서 하는 성경공부 모임, 성경을 가르치는 세미나에 무조건 뛰어가야 합니다. 일주일에 한 번, 고작

3, 40분 설교 듣고 한주간 은혜 충만하게 살 수 있는 사람은 아무도 없습니다. 일주일에 한 끼 먹고 사는 사람 있나요? 아무도 없을 거예요. 그러니 주일 낮에 설교 한 번 듣고 마음에 평강이 넘치기를 바라는 것은 무리입니다.

말씀을 가까이해야 은혜의 강이 넘치고 속사람이 강건해집니다. 하나님의 말씀 안에서 구원의 진리를 깨달을 때마다 영혼이 튼튼해집니다. 이런저런 이유로 하나님의 말씀을 멀리하고 있습니까? 은혜 받는 길을 택하시기 바랍니다.

때를 따라 도우시는 손길

은혜 받는 또 하나의 길이 있습니다. 바로 때를 따라 도우시는 하나님의 손길을 체험하는 것입니다. 마음이 무거우면 어디를 찾아갑니까? 불안하고 낙담될 때 무엇을 하십니까? 마음이 고통스러울 때나 불안할 때, 위급한 일을 당할 때 하나님 앞에 나가서 하소연할 수 있는 사람은 은혜 안에 사는 사람입니다.

우리를 기도하게 하는 것은 무엇이든 좋은 것이요, 기도에서 멀어지게 하는 것은 무엇이든 나쁜 것입니다. 건강이 좋아서 기도를 등한히합니까? 그렇다면 그 건강은 복이 아닙니다.

병이 나서 더 열심히 기도하며 주님을 더 간절히 찾습니까? 그렇다면 그 병은 복입니다. 남편이 너무 좋아서 함께 있다 보니 기도를 못합니까? 그렇다면 남편이 있는 것은 복이 아닙니다. 역설적으로 들릴지 모르나 이것이 진리입니다.

제가 아주 오래전에 쓴 일기를 읽다가 충격을 받았습니다. 당시 대학생이었던 저는 폐결핵을 앓고 있었습니다. 그래서 죽음에 대한 생각이 밤낮 저를 떠나지 않았는데 그때 쓴 일기에 이런 말이 있었습니다. "새벽에 잠을 깨니 네 시 정각이다. 하나님이 내 기도를 들어주신다는 이상한 직감이 들어 기도를 시작했다. 한 시간 반, 두 시간이 지났는데 그때부터 나는 비로소 진짜 기도에 들어가는 것을 체험했다."

이 일기를 읽다가 이런 생각을 했습니다. '아, 그때는 병이 있었기 때문에 하나님 앞에 몹시 매달렸구나! 몹시 간절히 기도했던 모양이다. 그러면 그때의 병은 복이구나. 그러나 이제 내가 건강하니까 기도를 등한시한다면 내 건강은 결코 복이 아니로구나.' 기도에 게으르면 은혜가 떠납니다.

"우리에게 있는 대제사장은 우리의 연약함을 동정하지 못하실 이가 아니요 모든 일에 우리와 똑같이 시험을 받으신 이로되 죄는 없으시니라 그러므로 우리는 긍휼하심을 받고 때를 따라 돕는 은혜를 얻기 위하여 은혜의 보좌 앞에 담대히 나아갈 것이니라"히 4:15-16.

여기서 '그러므로'는 '우리에게 대제사장이 있으므로'라는 말입니다. '때를 따라'는 무슨 뜻입니까? '필요할 때마다' 아닙니까? 필요할 때마다 도와주시는 은혜를 얻고 싶다면 은혜의 보좌 앞으로 담대히 나아가라고 합니다. 하나님이 계시는 보좌가 바로 은혜의 보좌입니다. 하나님은 때를 따라 우리를 도와주시기 위해 준비하고 계십니다.

그러므로 때를 따라 돕는 은혜를 받기 위해서는 담대히 나아가야 합니다. 담대히 나아간다는 말이 무슨 뜻입니까? 기도한다는 말입니다. 예수님을 믿는 사람은 다른 수가 없어요. 기도해야 합니다. 너무 바빠서 기도할 수 없다는 말은 통하지 않을 핑계죠. 지금보다 더 많이 기도하세요. 하나님 앞에 나아가면 생각지도 못한 은혜를 많이 주십니다.

너무나 마음이 괴로워 잠도 못 자는 사람이 조용히 골방에 들어가서 '하나님 아버지' 하고 무릎을 꿇으면, 벌써 하나님이 처방을 준비하고 계십니다. 때를 따라 돕는 은혜를 얻기 위하여 하나님의 보좌 앞에 나가서 은혜를 얻는 그 재미, 이것을 체험할 때 평강이 넘칩니다. 그런 재미가 없으면 은혜도 메말라 버립니다.

예전에 우리 교회가 후원하던 곳 가운데 "임마누엘 장애인의 집"이 있었습니다. 거기에는 장애를 가진 젊은이들이 함께 전세를 살고 있었는데 어느 날 집 주인이 집을 비워 달라고 한 거예요. 장애인들만 드나드니까 집 이미지가 나빠진다고 겨울을 앞두고 쫓아낸 거지요. 그러니 그들이 어떻게 합니까? 하나님의 은혜의 보좌 앞에 나가서 매달렸습니다. "하나님, 어떻게 합니까? 도와주세요!"

그랬더니 당시 돈으로 6천 5백만 원이 생겨서 집을 한 채 샀습니다. 정말 놀라운 일이죠. 사실 그때 우리 교회에서는 3백만 원밖에 못 도와줬는데, 하나님이 모 교회 권사님의 마음을 움직여서 1천 5백만 원, 또 누구를 움직여서 1천만 원, 또 어디서 굴러들어오는지 모르게 하나님이 준비했다가 전부 보내주셨습니다.

그래서 6천 5백만 원을 주고 새 집에 들어갔더니, 동사무소에서 그 옆에 있는 시유지 100평을 주면서 10년 동안 갚아도 되니까 다음에 이것까지 보태서 집을 지으라고 했습니다. 그러니 그 젊은이들이 너무 좋아서 하나님이 이렇게 은혜를 주셨다고 저에게 전화를 했어요. 예수님을 믿으면서 이런 재미가 있어야 살지 않겠어요? 하나님의 보좌 앞으로 담대히 나아갈 때, 이렇게 때를 따라 돕는 은혜를 맛볼 수 있습니다. 날마다 기도

의 자리로 나아가시기 바랍니다. 이러한 은혜를 받을 때 따라
오는 결과가 바로 평강입니다.

"아무것도 염려하지 말고 다만 모든 일에 기도와 간구로 너희 구
할 것을 감사함으로 하나님께 아뢰라 그리하면 모든 지각에 뛰어
난 하나님의 평강이 그리스도 예수 안에서 너희 마음과 생각을 지
키시리라"빌 4:6-7.

하나님께 아뢸 때 평강은 자연스럽게 따라옵니다. 그 평강
이 우리의 마음과 생각을 지켜 줍니다. 이것이 믿는 자가 누리
는 특권 아닙니까!

충만한 은혜 가운데 마음에 평강을 가지고 사는 사람은 어
떤 환경에서도 흔들림이 없습니다. 감사와 기쁨이 넘치며 하나
님 때문에 행복합니다. 이것이 진정으로 하늘의 복을 누리는
삶입니다. 이런 사람들은 바울처럼 옥에 갇혀도 행복할 수 있
습니다. 그런 사람들을 볼 때 믿지 않는 사람들이 '저 사람은
뭔가 다르구나' 라고 생각합니다.

갈수록 평안이 사라지고 우울하고 낙담한 사람들이 많아지
는 현실 속에서 은혜와 평강을 소유한 우리가 그들을 붙들어
주어야 합니다. 나라의 운명을 짊어진 정치가들을 바르게 붙들

어 주어야 합니다. 무엇이 옳은지 분별하지 못하고 방황하는 젊은이들을 붙들어 주어야 합니다. 하나님 없는 삶으로 지친 사람들을 붙들어 주어야 합니다. 이것이 은혜와 평강을 소유한 우리가 해야 할 일입니다.

하나님, 성도가 된 우리들에게 은혜와 평강이라는 귀한 선물을 주시니 감사합니다. 날마다 그 은혜를 깊이 경험하기 위해 더 말씀을 가까이하고 주님 앞에 무릎 꿇게 하소서. 그리하여 속사람이 날로 새롭고 강건하게 하시며, 하나님만이 주실 수 있는 참된 평강 가운데 거하게 하소서. 또한 이 선물을 아직 알지 못하는 이들에게 전할 수 있는 저희들 되게 하소서. 예수님 이름으로 기도합니다. 아멘.

1. 분주하고 스트레스 많은 일상에서 평안을 누리기 위해 마인드 컨트롤로 생각을 바꾸려고 노력한다?

2. 평소에는 믿음이 있는 것 같다가도 어려운 상황이 닥치면 마음이 불안하고 하나님을 향해 불평하게 된다?

1. 평강은 하나님이 주시는 은혜의 선물입니다. 평강을 누리고 싶다면 하나님의 말씀의 은혜에 푹 빠져 보십시오.

   "주께서 심지가 견고한 자를 평강하고 평강하도록 지키시리니 이는 그가 주를 신뢰함이니이다"(사 26:3).

2. 고난을 이기는 데 필요한 것은 속사람의 강건함이지 외적인 상황의 변화가 아닙니다. 상황을 바꿔 달라고 기도하기보다 속사람이 믿음 안에서 강건해지기를 구하십시오.

   "그의 영광의 풍성함을 따라 그의 성령으로 말미암아 너희 속사람을 능력으로 강건하게 하시오며"(엡 3:16).

누리는 삶 4

작은 예수로 살다

우리가 다 하나님의 아들을 믿는 것과 아는 일에 하나가 되어
온전한 사람을 이루어 그리스도의 장성한 분량이 충만한 데까지 이르리니
_ 에베소서 4장 13절

제자와 제자훈련

　　　　　　사랑의교회를 처음 시작
할 때 제가 가진 비전은 이것이었습니다.

　'교회 안에 있는 사람들을 예수님의 제자로 만들어서 세상
으로 내보내고, 그들을 통해서 세상 사람들을 교회로 인도해서
예수님의 제자로 만들자. 그렇게 해서 하나님의 이름을 영화롭
게 하고 하나님의 나라가 이 땅에 임하게 하자. 하나님의 뜻이
하늘에서처럼 땅에서도 이루어져 나라와 권세와 영광이 하나
님께 돌아가게 하자.'

　이것이 저의 꿈이요 간절한 소원이었습니다. 이 꿈을 실현
하려는 마음의 열정이 식지 않도록 주일마다 전교인이 주기도
문 송을 함께 불렀습니다. 그리고 이것을 구체적으로 실천하기

위해 제자훈련이라는 특별한 프로그램을 가지고 외길을 달려 왔다고 해도 과언이 아닙니다. 제자 삼는 사역은 과거에도, 현재도, 앞으로도 가장 중요한 일이라 생각하고 주님 오실 때까지 변함없이 계속하기 원합니다. 왜냐하면 이것이 우리 주님의 마지막 명령이기 때문입니다.

"그러므로 너희는 가서 모든 민족을 제자로 삼아 아버지와 아들과 성령의 이름으로 세례를 베풀고 내가 너희에게 분부한 모든 것을 가르쳐 지키게 하라" 마 28:19-20.

예수님을 믿고 자신의 구주로 고백한 사람은 이미 예수님의 제자입니다. 어른이든 아이든, 제자훈련을 받은 사람이든 받지 않은 사람이든, 믿음이 작든 크든 상관없이 모두 예수님의 제자입니다.

이런 비유가 적절할까요? 한 청년이 나라의 부름을 받고 입대를 합니다. 보통 논산 훈련소에 가서 몇 주간 훈련을 먼저 받고 자대 배치를 받지요. 논산 훈련소에서 받는 훈련은 군인으로서 갖춰야 할 것들을 배우는 시간입니다만, 그가 대한민국 국군인 것은 그 훈련을 받았기 때문은 아닙니다.

이처럼 제자훈련도 제자냐 아니냐를 구분하는 선이 아니라 이미 제자가 된 사람이 좀 더 제자답게 살아가도록 도와주는 하나의 과정입니다. 아무래도 제자훈련을 받지 않고 교회생활을 하는 사람보다 일정 시간을 투자해 철저하게 훈련 받은 사람이 질적으로 좀 나을 수밖에 없지 않겠습니까? 무엇이 달라도 다르겠지요. 예수님의 제자로서 좀 더 양질의 삶을 추구한다는 말입니다.

저는 30년 가까이 제자훈련을 해오면서 참 다양한 훈련의 열매들이 맺히는 것을 목도할 수 있었습니다. 이 훈련이 어떤 사람에게는 생사를 좌우하는 사건이 되기도 했습니다. 무슨 이야기인가 하면, 어떤 사람은 중생도 안 받고 그저 교회만 왔다 갔다 하다가 어느 날 아내에게 등 떠밀려 제자훈련을 받으러 왔습니다. 그 동안 상식으로 들은 것은 많아서 목사의 질문에 곧잘 대답은 합니다. 그런데 가장 중요한 사실인 거듭난다는 게 뭔지를 모르는 거예요. 영적으로 근본적인 변화가 없었던 것입니다.

그래도 훈련이란 걸 받기로 했으니까 시간마다 꼬박꼬박 참석을 합니다. 그러다가 드디어 영적으로 눈이 번쩍 뜨이는 경험을 합니다. "응아" 하고 울음을 터트리며 중생을 체험한 거예요. 비로소 하나님의 자녀가 되었어요. 이 사람에게 제자훈련이 어떤 의미입니까? 죽음의 자리에서 생명의 자리로 옮긴 사건입니다. 얼마나 대단한 사건입니까?

교회만 다닌다고 다 신자가 아니에요. 목사라고 다 목사입니까? 목사라고 다 중생 받은 줄 아세요? 교회사를 보면 설교 잘 하고, 유명하고, 높은 자리에 오른 사람일수록 타락한 죄인인 경우가 왕왕 있어요. 거듭난 사람인지 아닌지 겉모습만 봐서는 알 수가 없습니다.

그런데 훈련받는 자리에 나와 말씀 앞에 자신의 영혼을 내어드릴 때 주님의 손에 다듬어지고 새로운 피조물로 거듭나는 역사가 일어나는 것을 저는 수없이 보아 왔습니다.

또 어떤 분은 예수 믿고 하나님의 자녀가 되기는 했는데 근본적인 병이 치유가 되지 않았어요. 비뚤어진 성격이 교정되지 않아요. 나쁜 버릇이 고쳐지지 않아요. 하나님의 말씀이 금지하는 죄악이 마음에 여전히 뿌리를 내리고 있어서 그것 때문에 고통을 당합니다. 그런 것에 자꾸 걸려 넘어져서 신앙생활의 기쁨을 맛보지 못하고 삽니다.

부부간의 문제가 심각한 성도들이 많은데, 신앙인이니까 남들이 알까 부끄럽고 그래서 겉으로는 괜찮은 척, 아닌 척 하고 속으로는 자꾸만 자꾸만 곪아 갑니다.

그런데 남편이 혹은 아내가 제자훈련을 받으면서 성령의 감동하심을 받고 상한 마음이 치유되면 부부간에 그 높던 벽이 조금씩 허물어지고 마침내 부부관계가 회복되는 기적이 일어납니다. 주님이 교회를 사랑하시듯 남편이 아내를 사랑하게 되고, 교회가 주님께 순종하듯 아내가 남편에게 순종하는 참으로 아름다운 관계가 현실로 이루어집니다. 이 얼마나 큰 축복입니까?

또 어떤 사람은 이제껏 돈 버느라 정신이 없어서 인생을 어떻게 살아야 하는지를 모릅니다. 예수 믿는다고 교회는 다니지만 아직 인생의 목적도 정립되지 않았어요. 그래서 날마다 눈만 뜨면 오늘 어떻게 재미있게 지낼까 하는 생각만 하던 사람이 있습니다.

그런데 제자훈련을 받으면서 정신을 번쩍 차리고, '내 인생의 목적이 바로 이거구나! 내가 인생을 이렇게 살아서는 안 되겠다. 하나님이 내게 원하시는 삶이 이런 것이었구나!' 하는 것을 발견하게 됩니다. 그러면 그 사람의 삶의 형태가 달라지죠. 그 내면에 그야말로 혁명이 일어나는 것입니다.

날 향한 아버지의 기대

그리스도의 정신을 삶으로 실천했던 작가 헨리 나우웬은 이런 말을 했습니다.

"우리는 예수님이 아셨던 것을 알고 예수님이 행하셨던 것을 행하도록 부름 받았습니다. 우리의 영적 생활에 커다란 도전은 우리 자신이 예수님과 같다고 주장할 수 있어야 한다는 것입니다. 다시 말하면 우리는 지금 세상에 존재하고 있는 '살아 있는 예수'라고 말할 수 있어야 한다는 것입니다. 진정한 구원이 무엇입니까? 진정한 구원은 우리가 예수가 되는 것입니다."

굉장하지 않습니까? 하나님이 우리를 예수가 되게 하기 위해 부르셨다는 말은 전혀 지나친 말이 아닙니다. 조금만 관심을 가지고 하나님의 말씀을 유의해서 보면, 하나님이 시종일관 우리에게 예수님을 닮아 가는 제자가 되어야 한다고 말씀하시는 것을 알 수 있습니다.

복음서, 서신서, 심지어 구약을 봐도 이 교훈을 피해 갈 수 없습니다. 하나님이 우리에게 원하시는 것은 예수님을 닮은 사람이 되는 것, 예수님처럼 사는 사람이 되는 것, 예수님의 제자가 되는 것입니다.

우리가 예수님을 왜 믿습니까? 구원받기 위해서입니다. 그렇다면 구원이 무엇입니까? 예수처럼 온전한 사람이 되어서 하나님과 영원히 사는 것입니다. 그래서 하나님은 우리가 온전한 사람이 되는 것, 예수님의 제자가 되는 것을 그렇게도 중요하게 여기시는 것입니다.

그런데 이 말이 사실 얼마나 부담스럽습니까? 온전한 사람, 작은 예수가 되어야 한다니 말입니다. 그래서 많은 사람들이 이것을 종말론적으로 해석합니다. 온전한 사람이 되는 것은 예수님이 재림하실 때 일어날 일이지 이 세상에서 신앙생활 하는 동안 일어날 일은 아니라는 것입니다.

물론 예수님이 재림하시면 우리는 예수님처럼 흠과 티가 없는 하나님의 온전한 아들딸이 됩니다. 그러나 이것을 종말론적인 일로만 생각하고 신앙생활을 한다면 성경의 반은 부정하는 것입니다.

"가서 제자를 삼으라"라는 예수님의 명령은 천국에서 될 일을 말씀하신 것이 아니라 이 땅에서 할 일을 말씀하신 것입니다. 또 "너희가 내 말에 거하면 참으로 내 제자가 되고"요 8:31 라고 하신 말씀 역시 이 세상에서 말씀대로 사는 것을 의미합니다. 그러므로 온전한 사람이 되는 것은 세상에서 신앙생활을 하면서 일어날 일이지, 저 천국에서 일어날 일을 말하는 것이 아닙니다.

이런 말씀에 솔직히 목사인 저도 부담스럽기는 마찬가지입니다. 누가 감히 세상에서 자기를 예수님처럼 완전하다고 내세울 수 있겠습니까? 그렇기 때문에 우리는 '온전한 사람이 된다’는 말은 되도록 입에 담지 않으려고 합니다.

그런데도 하나님은 우리가 예수님처럼 완전해지길 바라십니다. 오를 수 없는 정상인 줄 알면서도 계속 재촉하며 올라가라고 하십니다. ‘하나님, 왜 이러세요? 너무 부담스러워요. 자꾸 그러시면 가출했다가 죽을 때쯤 다시 돌아올래요.’ 때론 이런 마음이 되기도 하지요.

예전에 제가 졸업한 칼빈 신학교에서 특강을 부탁받은 적이 있습니다. 졸업생으로서 영광이 아닙니까? 그래서 3일 동안 오전 오후 연이어 제자훈련 목회 철학에 대해 특강을 했습니다. 강의가 끝난 후 질문을 받았는데 한 여학생이 예리한 질문을 던졌습니다.

“목사님, 예수님의 제자라는 말이 서신서에서는 완전한 자라는 말로 대치된다고 하셨는데, 완전하다는 말에 대해 좀 더 설명해 주시겠습니까?” 질문을 받고 퍽 당황스러웠습니다. 이 부분은 제가 개인적으로 성경을 읽다가 깨달은 것을 이야기한 것뿐이었으니까요. 그래서 마음으로 ‘어떻게 대답해야 할까요? 하나님 도와주세요’ 하고 기도하는데, 하나님이 순간적으로 지혜를 주셨습니다.

“저도 완전하다는 말은 별로 좋아하지 않습니다. 사실 사람에게 그 말을 붙일 만한 대상을 찾자면 하나도 없지 않습니까?

만약 자기 스스로 완전하다고 생각한다면 정신착란증이든지 뭐가 좀 잘못된 사람이지 않겠습니까? 그래서 저도 이 말을 가급적 피하고 싶습니다. 그래서 성경을 읽으면서 이렇게 불평을 하지요. '하나님, 도대체 왜 우리가 감당할 수도 없는 말을 쓰셨나요? 완전하다는 말이 가당키나 합니까?' 그런데 한번은 이런 생각이 들었습니다. '이것은 불평할 문제가 아니다. 왜냐하면 하나님은 우리 아버지이시다. 아버지는 자식에게 최상의 것을 요구하지 않는가. 예수의 제자니 완전한 자니 하는 것은 아버지 되신 하나님께서 우리에게 기대하시는 최상의 소원이다. 그러므로 조금도 이상할 것이 없다.' 이렇게 깨닫게 되자 '온전하라' 하시는 하나님의 말씀에 거부감이 사라지더군요. 여러분도 그렇게 이해하기 바랍니다."

그 대답에 그 자리에 있던 학생들과 교수들이 모두 박수를 치며 환호했습니다. 자식을 낳아 키우는 부모치고 자식을 향해 꿈을 갖지 않은 부모가 어디 있습니까? 아무리 자식이 코가 비뚤어지고 귀가 하나 작아도 '이놈, 커서 훌륭한 사람이 됐으면 좋겠다' 하고 기대합니다.

제 친구 중에 고시에 대여섯 번 떨어진 친구가 있는데 자기 아들만 바라보면서 날마다 "그래, 나는 비록 못했지만 너는 꼭 합격해서 법관이 되어야 한다"라며 그 꿈을 안고 자식을 키우는 것을 보았습니다. 그게 아버지의 심정이지요. 어떤 아버지가 '에이, 이놈 자식. 빌어먹을 놈 같으니라고' 하며 자식의 미래를 저주하겠습니까?

우리 하나님 역시 그러시지 않겠어요? 우리를 구원하신 후 "옜다, 너는 막 나가는 인생, 하류 인생이나 되어라" 하지 않으십니다. 자녀인 우리가 최상의 인간이 되기를 원하시는 마음을 "온전한 자가 되어라", "예수의 제자가 되어라"라는 말로 표현하신 것입니다. 그러니 이런 말씀 앞에 부담을 느끼기보다 오히려 날 향한 아버지의 마음이 느껴집니다.

세상 속의 작은 예수

실상 '완전한 자'란 흠이 하나도 없는 완벽한 인간을 말하는 것이 아닙니다. 우리의 일상 가운데 예수님을 닮아 가는 모습이 여기저기서 나타난다면 그 사람은 완전한 자가 되는 것입니다. 그런 사람이 작은 예수입니다. 우리 주변에 보면 예수님처럼 살면서 감동을 주는 사람들이 많이 있지 않습니까?

제가 아는 한 부인이 있습니다. 오랫동안 남편이 예수님을 믿게 되길 기도했는데, 어느 날 남편이 다른 살림을 차리고 자녀까지 낳았다가 부인에게 들통이 났습니다. 그런데 그 부인이 눈물을 흘리며 이렇게 고백합니다. "목사님, 저는 남편을 미워하지 않아요. 저는 남편을 사랑해요. 지금이라도 돌아오면 언제든 용서할 수 있어요. 제 마음은 항상 열려 있어요." 그 모습을 보며 저는 '여기 작은 예수가 앉아 있구나' 하고 생각했습니다.

또 어떤 집사님은 자신을 공식적인 석상에서 비판하고 괴롭히는 자매를 위해 몇 년 동안 기도하고 있습니다. 그 자매에 대해서 어떤 불평이나 욕도 하지 않아요. 오직 기도만 할 뿐입니다. 또 어떤 장로님은 예순이 가까운 나이에 선교를 하겠다고 중앙아시아로 갑니다. 지금껏 이루어 놓은 것을 다 뒤로한 채 굳이 고생스러운 곳을 찾아가 수고하며 주님 앞에서 보람되게 삽니다.

또 어떤 분들은 자기 쓸 것을 덜 쓰고 마련한 돈으로 소년소녀 가장을 찾아가 먹을 것과 필요한 것을 전합니다. 그런 성도들을 보면서 '예수님이 지금 여기 계신다면 저렇게 하셨을 테지'라는 생각을 자주 합니다.

또 촌지를 가지고 오면 부드럽게 거절하는 교사가 있습니다. 그리고 결손 가정에서 자란 문제아를 품고 기도합니다. 이 교사는 반 아이들 앞에서 그 아이의 위상을 세워 주고 친구들과 어울릴 수 있도록 도와줍니다. 그래서 그 아이도 변화되고 반 분위기도 완전히 바뀌어서 아이들이 집에 돌아가 부모님께 자랑을 합니다.

"엄마, 우리 선생님 때문에 학교 가서 공부하는 게 너무 좋아졌어." 이런 말을 들은 부모들이 감동을 받아 그 교사가 우리 교회에 다닌다는 것을 알고 저에게까지 전화를 다 합니다. 이런 사람이 작은 예수, 온전한 사람 아닙니까?

한번은 어느 결혼식 주례를 맡았는데 신랑신부가 찾아와서 이런 부탁을 합니다. "목사님, 결혼식에 부를 찬송 좀 바꾸어 주세요." 그래서 속으로 '그냥 정해 준 대로 부르면 되지 뭘 굳이 바꾸려고 하지?' 하면서 물었습니다. "그래, 무슨 찬송으로 바꾸어 줄까?" 그래서 신랑신부가 원하는 찬송을 보니까 결혼식 분위기와는 거리가 먼 것이었습니다.

"밤낮 주를 위하여 몸과 마음을 드리고 주의 사랑 나타내 햇빛 되게 하소서." 결혼하는 마당에 왜 이렇게 부담스러운 찬송을 불러 달라고 합니까? 밤낮 주를 위하여 몸과 마음을 바치는 게 얼마나 힘든 일이에요? 다른 사람에게 빛이 된다는 게 보통 어려운 일이 아니잖아요?

누가 봐도 잘났고 세상적으로 즐기며 살 수 있는 젊은이들인데 결혼식에서 이런 찬송을 부르게 해달라고 하니 얼마나 충격적입니까? 그래서 주례를 하면서 '작은 예수들이 여기 서 있구나' 하고 생각했습니다. 아버지이신 하나님이 우리에게 이런 사람이 되기를 바라고 계십니다.

바로 오늘부터 시작하라

사실 우리가 신앙생활을 한다고 하지만 가만히 있는데 사랑이 막 흘러넘치고, 가만히 있는데 저절로 진실한 사람이 되는 것은 아니지요. 그래서 훈련이 필요합니다.

훈련을 통해 사랑으로 행하는 법을 배우고, 훈련을 통해 진실하게 사는 법을 배우면서 점점 예수님을 닮아 가는 거예요. 제자로서 가르침을 받고, 받은 것을 삶에 적용해서 지키다 보면 조금씩 사랑으로 행하고 범사에 참된 것을 말하면서 주님을 닮은 아름다운 모습이 되어 갑니다.

누가 나에게 왜 사느냐고 묻는다면 "나를 사랑하사 나를 위하여 자기 몸을 버리신 예수님을 위해 살고 있습니다"라고 자신 있게 대답할 수 있을 만큼 삶의 목표가 분명합니까?

부부가 서로를 섬기는 것도 '예수님 때문에', 내 자녀를 잘 키우려는 것도 '예수님 때문에', 내가 돈을 잘 벌고 잘 쓰는 것도 '예수님 때문에', 욕먹고 따돌림 당하는 일도 따지고 보면 '예수님 때문에'라는 말이 나올 정도로 우리 삶의 중심에 예수 그리스도가 계셔야 합니다.

이렇게 우리 삶을 주님이 기뻐하시는 거룩한 제단에 올려놓는 것은 저절로 되는 일이 아닙니다. 주님 앞에 드리는 양을 아무거나 잡아서 드리나요? 아니요, 태어난 지 1년 된 양이나 염소 가운데 흠이 없는 깨끗한 놈을 골라 특별한 장소에 두고 얼마간 잘 먹이고 관리해서 가장 좋을 때 하나님 앞에 잡아 드립니다. 이처럼 주님이 받음직한 향기로운 제물이 되도록 우리를 다듬는 훈련이 필요합니다.

예수님의 제자, 온전한 사람이 되기 위해 다음 네 가지를 마음에 꼭 기억하시기 바랍니다.

첫째로, 날마다 생활하면서 순간순간 '나는 예수님의 제자다. 나는 완전한 자가 될 것이다'라는 생각을 하십시오. 기도할 때나 말할 때 항상 고백하십시오. 자꾸 입으로 고백하세요. 이러한 고백이 하나님의 자녀로 부르신 그 은혜를 잊지 않고 작은 예수로 살아가는 데 많은 도움을 줄 것입니다.

둘째로, 순종하기 쉬운 것부터 실천하십시오. 예수님을 닮아 가는 일이라고 생각되면 그것이 어떤 일이든 순종하십시오. 작은 것부터 실천하세요. 쉬운 것도 실천하지 않으면서 어떻게 어려운 일, 큰일을 할 수 있겠습니까?

셋째로, 지킬 때까지 말씀을 배우세요. 안다고 하면서 실천은 하지 않습니까? 그 지식은 죽은 지식입니다. 그렇다면 또 배워야지요. 실천할 때까지 배우는 지식이 참 지식이 됩니다. 실천하지 못한다면 백 번을 배웠어도 안다고 말할 수 없습니다. 다시 배워야 합니다.

하나님의 말씀 앞에서 교훈과 책망과 바르게 함과 의로 교육함을 받으면 그 인격이 분명히 예수님을 닮아 변화하게 되어 있습니다. 내 삶에 변화가 일어납니다. 하나님의 뜻대로 살고 싶고 하나님이 원하시는 온전한 단계에까지 올라가고 싶어서 작은 일부터 큰일까지 정성을 다하는 사람이 될 때까지 배워야 합니다.

넷째로, 믿음의 공동체 안에서 서로 도와야 합니다. 교회를 예수님의 몸이라고 부르잖아요? 이 몸이 예수님처럼 자라가야 되는데, 그러기 위해서는 지체끼리 서로 도와야죠. 상호사역을 해야 합니다. 같은 교회에 다니면서 함께 예배드리고 일주일에 한두 번 만나 교제하는 것도 서로 돕는 것입니다.

마치 모세혈관을 통해 피가 온몸을 돌듯 서로 연결되어 양분을 주고받습니다. 내가 연약할 때 누군가 내 손을 잡아 일으켜 세워 주고, 때로는 주저앉아 있는 지체에게 손을 내밀 수도 있습니다. 서로 돌아보고 섬기고 보살피는 가운데 우리 가운데 죽었던 자가 살아나는 기적이 일어납니다. 우리 가운데 하나님의 나라가 실현됩니다.

아버지이신 하나님이 자녀인 나를 향해 가진 꿈을 기억하십시오. 이렇게 날마다 작은 예수로 세상에 하나님의 모습을 드러내는 삶을 살아갈 때, 하나님이 예수님을 향해 기뻐 외치셨던 말씀을 우리에게도 하실 것입니다.

"보라 내가 택한 종 곧 내 마음에 기뻐하는 바 내가 사랑하는 자로다"마 12:18.

하나님 아버지, 자녀인 우리를 향한 아버지의 마음을 알게 하시니 감사합니다. 연약하고 무기력한 존재로 살아갈 수밖에 없던 우리에게 예수님을 닮아 가는 삶의 비전을 보여주시니 감사합니다. 예수님처럼 온전한 사람이 되어서 하나님과 영원히 함께 사는 복락을 누리기 원합니다. 날마다 아버지 하나님을 기쁘시게 하려는 바람으로 말씀을 배우고 작은 것부터 순종하며 예수님을 닮아 가게 하소서. 믿음의 공동체 안에서 서로 도우며 예수님의 몸 된 교회를 섬기게 하소서. 그리하여 온전한 제자, 작은 예수가 되어 세상에 그리스도의 모습을 나타내는 저희가 되게 하소서. 하나님의 기쁨이 되는 아들딸이 되게 하소서. 예수님 이름으로 기도합니다. 아멘.

1. 예수님의 가르침은 훌륭하지만 내가 만약 실생활에서 그대로 행한다면 늘 손해 보며 바보 취급을 당할 것이다?

2. 나는 연약한 인간이고 예수님은 전지전능한 신인데 내가 노력한다고 예수님처럼 온전해질 수는 없을 것이다? 게다가 지금 나는 먹고살기 바쁘고 내 코가 석 자니 형편이 좀 나아지면 예수님의 제자답게 살도록 노력해 보겠다?

1. 하나님 나라의 가치관은 세상과 전혀 다르기 때문에 그대로 따르면 손해 보는 것처럼 보일 때가 많습니다. 그러나 하나님은 그런 사람을 기뻐하시고 그 인생을 책임져 주십니다.

> "너희가 세상에 속하였으면 세상이 자기의 것을 사랑할 것이나 너희는 세상에 속한 자가 아니요 도리어 내가 너희를 세상에서 택하였기 때문에 세상이 너희를 미워하느니라"(요 15:19).

2. 아버지이신 하나님은 자기 자녀에게 가장 큰 기대를 품으십니다. 성령님의 도움을 받으면 당신은 점점 예수님을 닮아 가게 될 것입니다. 예수님을 믿는다면 지금 당장 그분을 따르십시오.

> "내가 진실로 진실로 너희에게 이르노니 나를 믿는 자는 내가 하는 일을 그도 할 것이요 또한 그보다 큰일도 하리니"(요 14:12).

십자가가 비결이다

이해할 수 없는 십자가

벌써 40년 가까이 십자가에 대해 가르치며 살아왔지만 세월이 흐를수록 점점 더 알 수 없는 것이 십자가라는 생각이 듭니다. '아직도 모르겠어. 어떻게 하나님의 아들이 날 사랑하셔서 날 대신하여 자기 목숨을 버릴 수 있지?' 신학적인 설명이나 해석은 가능할지 모르지만, 저의 얄팍한 깨달음, 좁은 지성으로는 도무지 그 깊이를 다 알 수가 없다는 것이 저의 솔직한 고백입니다.

산악인 박정헌 씨의 이야기가 있습니다. 그는 후배와 함께 히말라야의 촐라체 봉에 올라 천하를 소유한 듯한 기쁨을 얻었다고 합니다. 그리고 이제 자일 하나로 자신과 후배의 허리를 묶고 내려오는데 그만 후배가 발을 헛디뎌 큰 얼음 빙벽 사이에 난 골짜기에 빠졌습니다. 그곳은 빠졌다 하면 꼼짝없이 죽음에 이르는 골짜기입니다. 앞서 가던 박정헌 씨는 어떻게든 버티려고 사투를 벌입니다.

산을 오르느라 힘이 다 소진된 데다가 두 사람을 연결하던 자일이 가슴을 후려쳐 갈비뼈 두 개가 부러진 상황입니다. 공중에 매달린 후배를 보며 죽을힘을 쓰던 그는 선택의 기로에 섰습니다. 자신이 죽을지언정 후배를 살리기 위해 어떻게든 버틸 것인가? 아니면 자일을 끊고 혼자라도 살아 돌아갈 것인가?

이 일이 있기 20년 전, 세계적인 산악인 라인홀트 매스너 Reinhold Messner도 똑같은 상황에 놓인 적이 있습니다. 그때 그 골짜기에 빠진 사람은 그의 친동생이었습니다. 결국 그는 자기 목숨을 구하기 위해 자일을 끊고 말았습니다. 그러나 박정헌 씨는 피도 섞이지 않은 후배를 살리기 위해 몇 시간의 사투를 벌였고 결국 죽음의 골짜기에서 그를 끌어냈습니다.

사람들은 그들이 원래 계획했던 날짜가 지나고 9일이 넘도록 돌아오지 않자 둘 다 죽었을 거라고 여겼습니다. 그러나 박정헌 씨는 추락 중에 두 다리가 부러진 후배를 업고, 안고, 부축하여 빙벽을 타고 암벽을 넘어 살아 돌아왔습니다. 후송된 후에 못 쓰게 된 손가락 여덟 개와 발가락을 잘랐습니다. 30대

후반의 남자가 손가락 여덟 개를 잘랐다니 산악인으로서의 생
명이 끝났음은 물론, 어떤 일도 제대로 하기 힘든 상황이 되고
만 것입니다.

'꼭 그래야 했을까? 안 되면 끊어버리고 혼자 살아서 내려
오지' 하는 생각이 일반적이지 '아, 그 희생은 숭고하다. 우리
모두 그렇게 살아야 된다' 하고 생각하는 사람이 몇이나 될까
요? 자기 자신이 무엇보다 소중하다고 하는 요즘 같은 세상에
남 살린다고 자기가 죽겠다는 사람이 몇이나 될까요? 우리의
사고가 이렇게 돌아가고 있으니 한 사람의 숭고한 희생, 손가
락 여덟 개를 자르는 것도 우리는 이해를 못합니다.

또 생각해 봅시다. 만약 박정헌 씨가 자신의 아들이라면 "그
래, 네 손가락 여덟 개가 잘리더라도 남을 살린 것은 잘한 일이
야"라고 할 사람이 과연 있을까요? 하물며 하나님의 아들이 나
대신 십자가에 못 박혀 돌아가셨다는 것을 어떻게 이해할 수
있겠습니까?

십자가, 신앙생활의 본질

갈라디아서 2장 19절 말
씀은 예수 믿는 우리가 율법에 대해서는 죽었고 하나님에 대해

서는 살았다는 진리를 가르쳐 줍니다.

"내가 율법으로 말미암아 율법에 대하여 죽었나니 이는 하나님에 대하여 살려 함이라"갈 2:19.

하나님의 거룩하심 앞에 설 때마다 율법은 우리를 정죄합니다. 인간은 아무리 노력해도 율법을 완전히 지키지 못하기 때문이지요. 아흔아홉 가지를 철저히 지켜도 한 가지를 못 지키면 율법을 범한 것이 아닙니까? 그러니 거룩한 하나님 앞에 고개를 들 수 없는 죄인이 되는 것입니다. 죄인이기에 형벌과 저주를 받아야 하는 것이 율법 앞에 선 우리의 처지입니다.

그러면 이 율법의 정죄와 저주를 피할 길이 무엇입니까? 죽는 길밖에 없어요. 아무리 부채가 많아도 죽고 나면 갚을 필요가 없지 않습니까? 빚쟁이에게 쫓길 일도, 형무소에 갈 일도 없게 되지요. 그런데 내가 죽어야 할 자리에 예수님이 대신 가셨습니다. 그래서 나는 율법에 대해 이미 죽은 자입니다. 죽음은 율법에 대한 자유를 의미합니다. 다시는 율법이 나를 정죄하거나 저주할 수 없습니다.

'하나님에 대하여 산다' 는 말은 하나님 앞에서 믿음으로 의롭다 함을 받은 사람이 되었다는 것입니다. 이제 우리는 하나님 앞에서 의인입니다. 나 대신 십자가에 죽으시고 부활하신 주님 때문에 우리는 하나님 앞에 산 자가 되었습니다.

이 놀라운 진리를 이야기하면서 바울은 아주 중요한 사실 하나를 지적하고 있습니다. 그것은 바로 '신앙생활의 본질이 무엇인가?'에 대한 명료한 대답입니다. 갈라디아서 2장 20절 중간을 보십시오.

"이제 내가 육체 가운데 사는 것은 나를 사랑하사 나를 위하여 자기 자신을 버리신 하나님의 아들을 믿는 믿음 안에서 사는 것이라."

무슨 말씀입니까? 신앙생활이란 십자가에서 죽으신 예수님을 믿는 믿음 안에서 사는 것을 가리킨다는 뜻입니다. 바꾸어 말하면 신앙생활의 중심에는 십자가가 있어야 한다는 것입니다. 왜 그렇습니까? 예수님이 나를 위하여 십자가에서 자기 자신을 버리셨기 때문입니다. 그러므로 십자가 없는 생활이란 신앙생활이라고 할 수가 없습니다. 이것이 얼마나 중요한지 바울은 갈라디아 성도들에게 이렇게 도전합니다.

"예수 그리스도께서 십자가에 못 박히신 것이 너희 눈앞에 밝히 보이거늘 누가 너희를 꾀더냐"갈 3:1.

신앙생활이란 내 눈으로 십자가의 주님을 보면서 사는 것입니다. 십자가가 내 눈앞에서 사라지지 않도록 십자가를 중심에 두고 사는 것입니다.

예수님의 행적을 기록한 4복음서 중 3분의 1이 십자가의 고난을 다루고 있습니다. 그래서 어떤 학자는 십자가가 4복음서의 중심이고 나머지는 서론에 불과하다고 말하기도 했습니다. 또 사도 바울은 복음이란 한마디로 '십자가의 길'이라고 했습니다.

요한계시록을 펴면 승리하신 예수님의 영광을 보게 됩니다. 그런데 놀라운 사실은 영광 중에 계시는 그분이 십자가에서 죽으신 어린양으로 서 계신다는 것입니다.

"내가 또 보니 보좌와 네 생물과 장로들 사이에 한 어린양이 서 있는데 일찍이 죽임을 당한 것 같더라 그에게 일곱 뿔과 일곱 눈이 있으니 이 눈들은 온 땅에 보내심을 받은 하나님의 일곱 영이더라" 계 5:6.

승리하시고 재림하셔서 온 세상을 통치하며 하나님의 나라를 완성하신 예수님이라면 화려하고 영광스러운 모습으로 계시는 것이 마땅할 것 같은데, 놀랍게도 '죽임을 당하신 하나님의 어린양'의 모습으로 등장합니다. 다시 말해 영원한 과거, 영원한 미래의 중심에 십자가의 주님이 계신다는 것입니다. 새 하늘과 새 땅이 되어도 십자가는 영원히 주님의 영광이요, 광채라는 말입니다.

예수님에 관한 모든 이야기 가운데, 하나님의 아들이 나를 사랑하사 십자가에서 나를 위하여 자기 몸을 버리셨다는 사실만큼 내게 충격을 주고, 내 가슴을 뜨겁게 하고, 내 생각을 완전히 뒤집는 사건이 또 어디 있습니까?

어떤 신학자는 이렇게 말했습니다. "우리에게 그리스도는 바로 그분의 십자가다. 그러므로 예수님의 십자가를 이해하기 전까지 그분을 안다고 해서는 안 된다." 옳은 말입니다. 또한 탁월한 성경 교사이자 저술가인 에릭 사우어 Eric Sauer 는 이렇게 말했습니다. "십자가의 죽음은 부활보다 더 중요하다. 십자가가 예수 그리스도의 승리를 알리는 것이라면, 부활은 예수 그리스도의 정복을 알리는 것이다. 승리 없는 정복은 없다."

이처럼 신앙생활의 중심이 십자가에 있기 때문에 주후 1, 2세기의 초대교회 교인들은 어디를 가든, 무엇을 하든 십자가를 잊지 않기 위해 몸부림쳤다고 합니다. 당시는 예수를 그리스도로 믿는다는 이유만으로 조롱과 채찍질을 당하고, 옥에 갇히고, 광야와 동굴과 토굴에 숨어 살던 때였지요. 초대교회의 유명한 교부 터툴리안은 이런 기록을 남겼습니다.

"우리들은 발걸음을 앞으로 옮길 때마다, 들어가거나 나갈 때마다, 옷을 입고 신발을 신을 때마다, 목욕을 하거나 식탁에 앉을 때마다, 등잔의 불을 켤 때나, 침상에서나 좌석에서나 매일의 일상 가운데서 이마에 십자가를 그렸다."

초대교회 사람들은 십자가의 주님을 잊지 않기 위해서 언제나 이마에 십자가를 그렸습니다. 십자가가 그들의 삶에 중심이었습니다.

어떻게 보면 참 끔찍한 이야기입니다. 예나 지금이나 십자가는 가장 잔인한 사형 도구가 아닙니까? 오늘날 미국에서 쓰는 사형용 전기의자를 작은 모형으로 만들어 목에 걸고 다니는 사람이 있나요? 없습니다. 교수형에 쓰는 밧줄 모형을 작게 만들어 금박을 입혀 벽에 걸어 놓을 사람도 없습니다. 총살형에 쓰는 집행대의 모습을 사진으로 찍어 명함에 박아 넣을 사람도 없습니다. 유대교의 상징은 다윗의 별이고, 회교의 상징은 초승달이고, 불교의 상징은 연꽃입니다. 다 신비스러우면서도 보기 좋은 상징물인데 유독 기독교는 왜 생각만 해도 끔찍한 사형 도구를 교회 종탑에 달고, 목에 걸고, 벽에 걸어 놓습니까?

그럼에도 불구하고 십자가 없는 신앙생활을 상상할 수 없는 이유는 십자가가 '나를 사랑하사 나를 위하여 십자가 위에서 자신의 목숨을 버리신' 하나님의 사랑을 확증해 주는 은혜의 샘이 되기 때문입니다.

현대 교회의 문제는 십자가 없는 복음을 사랑한다는 것입니다. 미국 어느 교회에서는 고난주간을 폐지하고 부활주일만 요란하게 지킨다고 합니다. 그렇게 되면 우리의 신앙생활은 그만큼 천박해집니다. 십자가에서 멀어지면 영원한 것보다도 세상적인 것, 일시적인 것에 마음을 빼앗기게 됩니다. 하나님 중심의 신앙생활이 아니라 자기 중심의 타락한 신앙생활로 바뀌어 버립니다. 이것이 오늘날 현대 교회가 직면한 재앙입니다.

십자가, 거룩한 삶으로 이끄는 힘

우리가 세상에서 승리하기 위해서는 십자가에서 솟아나는 은혜의 샘물을 날마다 마셔야만 합니다. 이것이 건강한 신앙생활입니다. 그러면 날마다 십자가 앞에 나아가는 사람에게는 하나님이 어떤 은혜를 주실까요?

첫째로, 거룩하게 살 수 있는 힘을 얻게 됩니다. 도널드 블러

쉬 Donald Bloesch 라는 신학자는 이런 말을 했습니다. "죄인을 위하여 하신 그리스도의 사역은 완성되었지만, 죄인 안에서 이루어지는 그분의 사역은 아직도 끝나지 않았다."

죄인인 우리가 하나님 앞에서 의롭게 되는 일은 이미 주님이 이루셨습니다. 그러나 내 안에서 이루어질 일에 대해서는 아직 하나님이 하실 일이 남아 있습니다. 그것이 무엇입니까? 우리의 속사람을 거룩하게 하는 일입니다. 다시 말해 그리스도를 닮아가는 성화입니다. 이것은 매일의 순종과 참회를 통해 조금씩 발전해 가는 과정입니다. 예수님은 이것을 '발을 씻는다'는 말로 표현하셨습니다. 거룩한 삶을 살기 원하는 사람은 날마다 발을 씻어야 합니다.

우리는 아담 안에 있는 사람이 아니요, 그리스도 안에 있는 사람입니다. 우리가 죄를 범한다 해도 율법의 종이 되어 죄를 범하는 것이 아니라, 하나님의 사랑받는 자녀로 죄를 범하는 것입니다. 그러므로 예수님을 믿기 전에 짓는 죄와 후에 짓는 죄는 차원이 다릅니다. 만일 세상을 살면서 자신은 죄를 한 번도 짓지 않을 것이라고 장담한다면 그것은 거짓말입니다. 믿는 자도 죄를 범할 수 있습니다. 그럴 때마다 우리가 해야 할 것은 하나님 앞에 빨리 회개하고 다시는 그 죄를 짓지 않도록 돌이키는 것입니다.

그런데 우리가 사는 사회가 지뢰밭과 같잖아요? 거룩하게 산다는 것이 얼마나 어렵습니까? 백 번 결심해도 또 넘어지고, 무서운 악습에 사로잡혀 헤어나지 못하기도 합니다. 무슨 재주로 내가 거룩한 삶을 살 수 있어요? 그러니 힘을 얻어야 합니다. 그 힘은 십자가에서 옵니다.

십자가의 주님을 바라볼 때, 주님은 성령님을 통해 우리에게 거룩하게 살 수 있는 힘을 공급해 주십니다. '마음대로 죄를 짓던 이전의 나는 예수님과 함께 죽었어. 주님의 죽음과 함께 나의 연약한 존재는 죽었어. 내 정욕과 욕심은 모두 십자가에 못 박혔어. 나는 이제 그리스도 안에서 새로운 존재야. 성령님 안에서 사는 사람이야. 은혜가 왕 노릇하는 세계에 사는 사람이야. 날 대신해 돌아가신 예수님이 내 곁에 계신 이상 나는 죄를 이길 수 있어. 거룩하게 살 수 있어.' 이와 같은 새로운 각오와 힘이 내 안에서 솟아납니다. 십자가를 묵상하십시오.

십자가, 희생하게 하는 힘

둘째로, 희생하면서 살 수 있는 힘을 얻게 됩니다. 선한 일은 누군가 그 일을 위해 희생한 사람이 있기에 가능한 것입니다.

법과 질서가 지켜지는 사회를 이루었다면 선조들이 이미 엄청난 대가를 지불했기에 그런 사회가 된 것입니다. 보릿고개를 간신히 넘기던 가난한 민족이 자가용을 끌고 다닐 만큼 발전하기까지는 누군가의 커다란 희생이 있었습니다. 민주화가 이만큼 이루어진 것은 독재 정권 시절에 누군가가 큰 희생을 치렀기 때문입니다. 희생이 없이는 선하고 옳은 일이 이루어질 수 없습니다.

하나님의 나라도 마찬가지입니다. 하나님은 예수님을 믿는 우리의 땀과 피, 눈물과 생명을 요구하십니다.『나를 따르라』*The Cost of Discipleship*의 저자 본회퍼는 이런 말을 했습니다. '예수님이 우리를 그분의 제자로 부르신 것은 죽으라고 부르신 것이다.' 이 말은 진리입니다. 우리가 예수님의 제자로서 예수님의 모습을 가장 닮은 순간은 희생하는 모습을 보일 때입니다. 주님의 십자가 앞으로 나아가면 이 원리를 배우게 됩니다.

"한 알의 밀이 땅에 떨어져 죽지 아니하면 한 알 그대로 있고 죽으면 많은 열매를 맺느니라"요 12:24.

희생이 없이는 하나님 나라에 관한 것, 선하고 옳은 것, 정의로운 것을 하나도 얻을 수 없습니다.

"너희는 가서 모든 민족을 제자로 삼아 아버지와 아들과 성령의
이름으로 세례를 베풀고"마 28:19.

이 일에 생명을 걸고 희생하는 사람이 없다면 이 대사명은
불가능한 일입니다.

"네 마음을 다하며 목숨을 다하며 힘을 다하며 뜻을 다하여 주 너
의 하나님을 사랑하고 또한 네 이웃을 네 자신같이 사랑하라 하였
나이다"눅 10:27.

이 대계명 역시 희생 없이는 흉내도 낼 수 없습니다.
청소년부를 맡고 있던 어떤 목사님에게 한 중학생이 이런
편지를 보냈다고 합니다.

"목사님, 세상을 사는 것이 너무 힘들고 복잡해서 편지를 드립니
다. 요즘 유명하다, 똑똑하다, 훌륭하다 하는 어른들이 잘못을 저
지르는 것을 보면 제 마음이 착잡합니다. 사는 게 뭔지. 정말로 미
쳐 버릴 것만 같습니다. 저는 우리나라가 싫습니다. 많고 많은 나
라들 중에 한국에서 태어난 것이 원망스럽기만 합니다. 이렇게 썩
어 빠진 나라가 어디에 있습니까?"

어린 학생의 눈에 왜 이 나라가 이렇게 비칠 수밖에 없었을까요? 어느 누구도 자기희생을 하지 않으려 하기 때문입니다. 이렇게 희생하기 싫어하는 사람들이 많다 보니 사회가 점점 병들어 가는 것입니다.

제자훈련을 받은 우리 교회 성도 한 분이 1년 동안 매일 묵상한 내용을 모아 책으로 펴냈는데 그 가운데 이런 내용이 있었습니다. 자신과 아내가 예수님을 믿기 전에, 아내가 큰 병으로 병원에 입원한 적이 있었다고 합니다.

그런데 어느 교회의 순장이라는 분이 3개월 동안 하루도 빠짐없이 아내를 찾아와 병문안을 했답니다. 한 번 방문할 때마다 두 시간 이상씩 머물며 위로하고 기도해 주고 복음을 전하는 모습에 아내는 물론 남편도 놀랐다고 합니다.

그러다 아내가 퇴원하고 나서도 거동이 불편해 도움의 손길이 필요하자, 또 어느 교회의 호스피스 집사님이 2년 동안 매주 한 번씩 방문해서 아내를 위해 기도하고 빨래와 청소를 해 주고 장도 봐주었다고 합니다.

이렇게 온갖 희생을 다하는 모습에 부부가 큰 감동을 받았고, 자신도 모르는 사이에 마음 가운데 예수님의 형상이 심어져 교회에 나오게 되었다는 것입니다. 희생 없는 곳에 무엇이 가능합니까? 이것이 작은 예수의 삶입니다.

십자가, 세상을 이길 힘

셋째로, 세상을 이길 힘을 얻게 됩니다. 세상살이가 얼마나 어렵습니까? 하루하루 사는 것이 마치 전쟁을 치르는 것 같지 않습니까? 살기 좋다는 강남에 사는 사람도, 세상에서 큰 성공을 거둔 사람도 예외가 없습니다. 높아지면 높아질수록, 성공하면 성공할수록 쫓고 쫓기는 경쟁은 더 치열해지며, 그로 인한 피로에서 하루도 벗어날 수가 없어요. 세상에서 가질 만큼 다 가지고, 즐길 만큼 다 즐기며 나름대로 안정된 생활을 누리는 사람들에게도 치명적인 약점이 있습니다. 바로 허무함입니다.

여행, 한두 번 다니면 좋을지 모릅니다. 그러나 두 달에 한 번씩 5년만 다녀 보세요. 더 이상 보고 싶은 것도, 신기한 것도, 재미있는 것도 없어요. 눈은 보아도 족함이 없고, 귀는 들어도 가득 차지 않고, 입은 먹어도 다함이 없습니다. 그러니 세상에서 성공했다는 사람도 세상살이가 힘들고 고달프기는 마찬가지입니다.

또 서민층은 먹고살기가 얼마나 어렵습니까? 최근에 보니 남편이 벌어오는 월급만으로는 부족해서 부인들이 소매를 걷고 뛰어나가 일하는데, 한 시간에 4천 원씩 벌면 하루 10시간 일해 봤자 4만 원밖에 더 됩니까? 한 달을 죽어라 일해도 백만 원이 안 되는데, 그거라도 벌어서 자녀들 교육시키는 데 뒤처지지 않으려고 새벽부터 저녁까지 뛰고 있습니다. 그 삶이 얼마나 피곤하겠습니까? 하루에도 몇 번씩 주저앉고 싶지 않겠습니까?

점점 자신감은 사라지고, 남들처럼 앞서지 못하는 자신이 원망스럽고, 도와줄 만한 손길이나 기댈 만한 어깨도 없고, 불안과 두려움이 엄습하고, 결국은 우울증에 빠지는 비참한 상황이 많이 일어나고 있습니다.

이럴 때 우리에게 필요한 것이 무엇입니까? 세상을 살 수 있게 하는 힘, 벌떡 일어나게 하는 힘, 절대 기죽지 않게 하는 힘, 비틀거릴 때 붙들어 주는 강한 손, 어떤 형편에든지 자족하며 감사할 수 있게 하는 힘입니다. 내 안에 없는 힘, 밖으로부터 오는 힘이 필요합니다.

어디서 이 힘을 얻을 수 있을까요? 십자가 앞에 나아가 날 대신하여 죽으신 예수님을 붙들 때 힘이 생깁니다. 그러면 주님이 뭐라고 하십니까? "너는 스스로 잘나지도 못하고 경쟁에도 뒤처지고 쓸모없는 존재라고 여기며, 더 이상 살고 싶지 않다고 생각하지? 그러나 나는 네가 얼마나 좋은지 몰라. 너를 위해서 십자가에 달려 죽을 만큼 내가 너를 사랑해. 네 인생의 짐이 너무 무겁다고? 그래 나도 안다. 하지만 네 인생은 거기서 끝이 아니야. 내가 네게 준 하늘의 영광, 하늘의 복은 세상의 모든 고통과 슬픔을 넉넉히 이겨 낼 힘이 된단다.”

십자가 앞에서 이런 주님의 음성을 듣는다면 힘이 안 생길 수 있겠습니까? ‘아, 내가 이러한 존재구나. 하나님은 나를 이렇게 소중하게 보시는구나. 나는 결코 시시하게 인생을 살 수 없어. 가난하다고, 덜 배웠다고, 고난 당한다고, 자랑할 것이 없다고 해서 하나님은 나를 아무것도 아닌 존재로 취급하시지 않아. 그분께 난 정말 존귀한 존재야.’ 이런 자의식을 다시 회복할 때 힘이 생기지 않겠습니까? ‘오늘은 이렇게 힘들고 슬프지만 내일은 기쁨의 춤을 추게 하실 것이다. 하나님은 오늘도 살아 계셔서 나를 사랑하시고 보살피신다!’

십자가 사랑에 울다

예전에 마음에 알 수 없는 갈증이 나고 영적으로 답답해져서 고전을 한 경험이 있습니다. 인생의 겨울을 맞이하면 누구나 다 그런 심정을 겪게 되지 않습니까? 그래서 작심을 하고 안이숙 사모님의 설교 테이프를 들었습니다.

그분은 나와 똑같이 예수님을 믿는데 어떻게 그렇게 변함없이 신앙생활을 유지하셨을까, 몇 년을 감옥에서 지독한 고생을 하면서 영양실조에 걸려 손톱과 머리털이 모두 빠지고 온몸이 추위로 인해 기형이 될 만큼 비참한 생활을 하면서도 어떻게 백합처럼 향기로운 믿음으로 감옥에 있는 다른 사람들을 감동시킬 수 있었을까 그것이 알고 싶어서 그분의 간증을 계속 들었습니다.

그중에서 제 가슴을 치는 말이 있었습니다. "여러분, 저는 감옥에서 배고프다고 운 적이 없어요. 평양형무소의 혹독한 추위에 오들오들 떨면서 잠을 못 자도 춥다고 울어 본 일이 없어요. 그러나 나를 위하여 하나님의 아들이 십자가에 달려 돌아가셨다는 그 사실이 생각날 때면 계속 울었어요. 여름에는 눈물을 흘려도 괜찮았는데 추운 겨울에 눈물을 흘리니까 그만 눈가가 부르트고 헐어서 진물이 나고 고름이 맺혀 눈가에 딱지가 더덕더덕 붙었어요. 그래도 예수님의 십자가 사랑을 생각하면 또 울었어요."

그 말에 저는 충격을 받았습니다. '아, 형무소의 고난을 이길 수 있는 힘이 십자가에서 흘러나왔구나. 저 사람을 저렇게 위대하게 만든 원동력이 십자가의 은혜였구나.'

하루에 10분만이라도 십자가의 주님을 묵상하십시오. 아무리 바빠도 10분만, 나를 사랑하사 나를 위하여 자기 몸을 버리신 주님 앞으로 나아가십시오. 그분의 십자가 밑에서 흘러내리는 피에 두 손을 담그고 그분을 우러러보십시오. 세상이 아무리 험하고, 세상살이가 아무리 힘들어도 다시 한 번 일어날 수 있는 힘을 얻을 것입니다. 세상이 감당치 못할 힘이 내 안으로 쏟아져 들어올 것입니다.

신앙의 중심은 십자가입니다. 십자가를 바라보고 마음 중심에 십자가가 있는 사람은 거룩하게 살아갈 힘, 희생하며 살아갈 힘, 세상을 이길 힘을 얻게 됩니다. 십자가, 이것이 세상을 이기는 복된 삶을 사는 비결입니다.